復刻・シリーズ
1960／70年代の住民運動

住民運動〝私〟論

実践者からみた自治の思想

中村紀一 編著

創土社

総目次

(旧版) はしがきにかえて …… 1
(旧版) 目次 …… 4
二十八年目の「あとがき」 …… 中村紀一 326
新版解説 …… 笠井昭文 331

はしがきにかえて

今の私には、本書全体の問題意識や論文それぞれの梗概を書き記すことはとうてい不可能である。それこそ個性あふれる執筆者の〝私〟論を冒瀆することとなるだろう。ここでは、本書成立のいきさつに若干ふれてはしがきにかえることとする。

住民運動、住民参加と自治体との関係について〈現代の自治〉選書にまとめてみないかと、学陽書房から依頼があったのは昨年(七五年)四月のことである。当時、住民運動の仲間うちで、七〇年代前半の運動の総括と後半の展望をそれぞれが行なう必要があるとの議論が出ており、私はこうしたテーマで一冊にするのなら引き受けてもよいと回答した。

六月、ほぼ本書の原案が固まった段階で、私は住民運動の懐刀ともいうべき仲井富さんと相談し、具体的に執筆者に原稿の依頼を始めた。七月末、伊勢の神島で公害問題研究会主催の合宿が開かれた。私はそこで芦川照江さんに初めてお目にかかった。他の執筆者とは忙しさをぬって時折集まり、議論を闘わすいわば〝顔なじみ〟であったが、芦川さんとはいままでお会いする機会をもたなかった。私達は〝私〟論の内容を話し合い、芦川さんは執筆を快く引き受けて下さった。

一〇月に入ると執筆メンバーも確定し、各自構想を練り始めた。一一月には宮崎省吾、仲井さんが、また、翌年一月には、松下竜一、正木洋さんが我家を訪れ、〝私〟論の議論を深め合った。その折り「出すからにはいいものを出しましょう」との宮崎さんの言葉は、今も心に残っている。私達は原稿を書き始めた。住民運動の実践と理論をまとめることは、それぞれにとってきわめて困難な作業であったに相違ない。進行しつつある運動を中間総括し、将来展望するのはおそらく多くの苦痛をともなわずにはおかなかったであろう。

五月、すべての原稿が集まった。北山郁子さんはわざわざ原稿を届けて下さった。〝私〟論は各人の個性がその端々につよく感じとれるものであった。出来映えをどう評価されるかは読者の皆様がたにゆだねられるとはいえ、私達は率直に運動を語り、運動の中の私を語ったつもりである。執筆後、北山さんは「今、二五年間を改めて生き直した感じでよかったと思っています」と便りをよこし、正木さんは北海道から「実質編集長さん、どうも御苦労さん」と電話してきた。

思えば今から八年前、『朝日ジャーナル』誌で甲田寿彦氏の語った言葉「理論家が構築した市民運動の『理論』には……（住民運動それぞれのもつ――中村挿入）生理のなまぐさい呻きが塗りこまれていない」は、私のその後の研究方向に決定的な影響を与えた。私はこの言葉にこだわりながら、本書を編集した。甲田氏は「やがて市民の手で市民運動の理論が書かれる時が来る……」と続けている。本書はその一歩に足りるであろうか。これも読者の皆様がたの判断にまちたいと思う。

最後に個性あふれる原稿を一冊にまとめて下さった編集部の高橋脩氏に心からお礼申し上げたい。

一九七六年六月

中村紀一

住民運動〝私〟論　目次

目次

1 住民運動管見——中村紀一 11
—〝私〟論への序説—
はしがき 11
なぜ、住民運動なのか 13
実感としての「住民」と「市民」 「市民」派の運動論
「階級」派の運動論
住民運動の特色 28
「常民」運動と「市民」運動 地域性 日常的実感
行政・資本悪玉論 閉鎖性と体験主義 直接参加
「住民運動」とは
住民運動の課題と展望 37
反省期に入った住民運動 ウチ意識と個 「市民的
躾」 自立と連帯 政党・専門家との関係 ＜公共
性＞への視座
あとがき 47
2 ＜公共性＞とはなにか——宮崎省吾 53

はじめに　53
横浜新貨物線とその「公共性」　54
横浜市における「公共性」と「公害対策」　62
われらが公共性　69

3
運動のなかの〝私〟――芦川照江　77
―公害闘争で明らかにされた個の認識―

はじめに　79
「公共性」と「エゴ」　81
個の強さ　83
私における個　86
労働組合の場合　88
公害拒否に対する執着　91
試めされる個の質　93
実感に根ざす公害闘争　96
主体としての個の回復へ　99
旅の中で　100

4 やさしさと抵抗——松下竜一 105
—或る読者への手紙—
真実の意味でのやさしさ 108
やさしさのまま強靭な抵抗力に 116
〃敵、憎しみ、闘い〃 122

5 疑問を持続する意志——正木洋 127
反省期の住民運動 127
本来は運動をやりたくない人々 129
本音を大切にする運動 131
生きた人間の生きた発言 133
〃私らの銀行は海〃 136
言うべきことを言える 138
建つ前も、建っているいまも、建ってから後も反対 139
生き方は譲れない 141

既成政治勢力とのかかわり　143
個の動機を契機とする　145
環境権訴訟の功罪　147
「場を尊重する心」　149

6 農村社会のわたしと住民運動――北山郁子　153
―ひとりの女の歩みから―
わたしの中のふるさと　153
はじめて来た農村で　156
あたりまえのことをあたりまえに言いたい　163
勉強会から行動の会へ　166
運動のなかの女　168

7 紐帯と連帯――中村紀一　173
―〝住民〟と〝市民〟を架橋するもの―
はしがき　173
反国道公害運動を始めて　174

住民運動の中へ　179
運動における住民と市民と　185
あとがき　195
〔参考〕環境破壊に抗して私達に何ができるか　197

8 実践者との出会いの中で——仲井富　207
公害研発足のきっかけ　207
甲田・宮崎両氏との出会い　213
臼杵の公害予防闘争　220
熊倉平三郎老人のこと　225
反火力運動の人々　232
住民運動と女性　239

住民運動〝私〟論

1　住民運動管見
―〝私〟論への序説―

中村紀一

A　大学教師、住民運動実践者
B　Aの義兄、新聞記者
C　Aの妻

はしがき

A　どうもお忙しいところわざわざお出かけ下さって恐縮です。
B　ウン、妹からの電話で、君が期限すぎの原稿をかかえて苦しんでいると聞いたもので、少し内容を話すことでまとめの役に立てばとやって来たわけだ。ところで今度は「住民運動」についてまとめているんだろう。

A　そうです。一つは私達がやってきた国道一六号線の問題[1]ですので、なんとか書き上げたんですが、もう一つ、「住民運動管見」というのがまったく大変でして。

B　「管見」っていうのはあまり聞き慣れない言葉だね。

A　エエ、辞書では「狭い見識」を意味する「けんそん語」とありますけど、私自身、現在全国の住民運動を俯瞰して論ずる能力も資格もないわけで、せめて共同執筆する実践者の運動を中心にそのありかたを検討できたらと考えてつけてみたんです。それからもう一つ、飛鳥田一雄横浜市長が「市民運動」の欠点を、それが「問題別であるところから、他の諸問題との関連性を切断して、そこだけを見ていく。〝よしのずいから天井をのぞく〟ような狭さが出てくるのは当然[2]」と批判している。それならこっちも〝よしのずい〟からのぞき直してやろうと思ったわけです。いわば、行政に対する意地ですね。

B　「五分の虫、一寸の魂」(松下竜一)か。だけど、飛鳥田さんは「市民」運動を批判しているんだろう。

A　いや、ここでは「住民」運動も含んでいると思いますね。

B　それはどういう事だね。このあたりから君自身の住民運動についての「管見」を聞こうじゃないか。

なぜ、住民運動なのか

A　そうですね。たとえば、辻清明教授は両者を同義語として扱い、正確には「住(市)民運動」[3]と表現できると述べていますが、飛鳥田市長も同じように使っているようです。しかし、私は多少これらの用語の使い方にこだわっています。

B　そういわれるとニュアンスのちがいは感じられる。たとえば、ベ平連運動はおそらく「市民運動」といえそうだし、一方、全国各地の反公害運動などは「住民運動」の表現がふさわしいように思う。だが、所詮はどうでもいいことじゃないのかね。

A　おそらく横浜新貨物線の宮崎省吾さんも同じことをいうでしょうね。要は運動に勝つことで言葉の問題など、どうでもいいと……。だけど、兄さんの指摘したように一つには感覚からする両者の区別がありますね。と同時に、理論的な面での両者の位置づけの相違がある。これはいわゆる「市民」派と「階級」派に分けられると思います。私はこれらを検討するのは、私達の住民運動の立場や特色を明らかにするのに重要だと考えています。

実感としての「住民」と「市民」

B　そうか。では、まず実感のほうから説明してくれ給え。理論の方は少し込みいりそうだから、わかりやすい所から入っていこう。

A　ところで兄さんはさっきベ平連と反公害をどうしてあんな風に分けたのですか。

B　おや、逆に質問か。そうだな。反公害運動にはその土地に存在することに根ざした特有の土着性といったものが感じられる。それに対してベ平連運動には国際的連帯というか、土地を離れて普遍的価値に仕える意識がある。その辺がおそらく「住民運動」と「市民運動」のちがいじゃないかな。

A　そのとおりでしょうね。後でこの点について私の考えを少し話すつもりですが、私はこうした区別が明確になってくるのは七〇年に入ってからだと思います。

たとえば、六八年に『朝日ジャーナル』が「私にとっての市民運動」という懸賞論文を募集している。その入選論文には二上実氏の「〝殺すな！〟ということ」というベ平連運動を取り上げたものがある一方、富士市公害対策市民協議会甲田寿彦氏の富士公害闘争を描いた「独占に挑戦した部落風土《むら》」があるなど、混沌としている。宮崎省吾さんもこの時「横浜新貨物線に反対して」を執筆、「地域エゴ」を主張して入選するわけですけど、『朝日ジャーナル』にはそれなりの「市民運動」イメージがあったにせよ、ここではそれが十分鮮明に打ち出されていない。ついでに話しますと、『朝日ジャーナル』は七一年四月二三日号で「全国住民・市民運動リスト」を掲載していますが、ここでは「住民・市民運動」となっています。

B　七〇年が一つの画期となるのは一体どうしてだろう。

A　そういわれるとちょっと困るんです。古くは明治時代の足尾鉱毒事件など、おそらく住民運動の先駆として位置づけられるでしょうし、最近では芦川照江さん達の富士川町の反火力運動に受け継がれていく三島、沼津、清水のコンビナート阻止闘争（六三―四年）もその典型といえます。住民運動は何も七〇年に急に始まったわけではない。

ただ、七〇年を一つの節とみるのは「所得倍増計画」による高度経済成長一〇年目のツケが七〇年に公害問題となって全国各地に一気に噴出した。そしてすさまじい環境破壊の中で、これまで沈黙していた都市住民、農民、漁民がそれぞれの地で自らの生命を守るために立ち上がったということができる。

B　私達マスコミも七〇年は〝万博〟と〝公害〟の年と大いにキャンペーンしたからね。

A　そしてミニコミの世界にも『環境破壊』（公害問題研究会）、『月刊地域闘争』（京都ロシナンテ社）が登場してくるわけです。たとえば、『月刊地域闘争』創刊号にはその編集方針が掲げられており、そこには強烈な「住民運動」感覚が打ち出されています。少し長いですが、読んでみます。

○雑誌の原稿は、すべて現実に地域闘争を担っている人のものであること。その闘争に、なんの関係もない、「ルポライター」、「評論家」や「学者、先生」の原稿は拒否します。たどたどしくても、苦しみの中から解放を求めて立ちあがろうとしている私たちの叫びを、そのまま全国に訴えたいのです。

○各闘争体の自主性は完全に保証されなければなりません。誌上での相互批判はいっさい自由です。特定の政党組織を排除することはありません。

○新島の広野広氏からよせられた次のアピールはそのまま、この雑誌の基調とも言えるものです。
――「……ひとつひとつの闘争にたずさわっている小さな主体とその意志を軽視したりすることがあってはならないと思います。
小さな主体の意志を集めて小さな闘争があり、小さな闘争の経過を通じて小さな主体の意志を、大きな闘争と関わりのあるものに展げていくためには、小さな闘争の経過がぜったいに小さな主体の意志をふみにじらないという保証がなければなりません。……」
○各地の闘争に具体的に参考になるような内容をめざしています。各地の闘争にそれぞれ勝利するために、この雑誌をわれわれの共同の武器にしようではありませんか。(4)

B なるほど少し分かってきた。それにしてもマスコミに携わっている者にはかなり耳の痛い個所もあったね。ところで君は今日の運動をこうしたいわば実感的「住民運動」論の視座からみようというのかい。

A 研究者として〈理論〉指向もないわけではありませんけど、ここでは〈実感〉からする住民運動について、その特色とか課題、展望をまとめてみるつもりです。

B その場合、「市民運動」とどうちがうのかね。

A 『月刊地域闘争』を引いたついでに七一年三月に創刊号の出た『市民』(『市民』編集委員会)のあとがきを見てみましょう。

「市民にとって〝自治〟とは何か。それは、自分が自分の生活の主人となることだろう。そのことを、この雑誌の出発点とし、到達点としたい。……私たちは、抗議し、抵抗し、拒否し、提案し、参加し、創造したい。その方向と方法の真剣な模索に、この『市民』の紙面を開放する。読者の手でこの雑誌をつくること、それが私たちの願いである。(5)」

『月刊地域闘争』の具体的、実践的な宣言にくらべて、きわめて抽象的に優等生的作文が綴られていますね。何かここに「市民」運動の一つのありようが感じとれるのです。

B　えらく実感的なレベルで勝負してきたな。君がしばしば口にする「日本では普遍的価値を指向する意識がなぜ稀薄化してしまうのか」というテーマもこの「市民」と関係するわけだな。けれど、私達マスコミ関係者には『市民』は大いに役に立ったよ。

A　それは認めます。私は決して雑誌『市民』が悪いと言ってるわけじゃないし、「市民」の今日的意味も十分認めるつもりです。(6)誤解をおそれずにいえば、私は「住民運動」家がよく口にする「ドロドロした」とか「したたかな生きざま」といった表現に生理的に反発することがしばしばありま す。こうした特殊体験的な言葉づかいの中に一種の閉鎖性を感ずるからです。しかし、「市民」派の「住民運動」論にも問題があります。

「市民」派の運動論

B　「市民」派というと、松田道雄氏とか日高六郎氏とか久野収氏とか……。

A　そうですね。六〇年安保の頃、『思想の科学』(一九六〇年七月号)が「市民としての抵抗」を緊急特集し、日高六郎編『一九六〇年五月一九日』(岩波新書)がこの年の一〇月に出版されている。この中には「市民」とか「市民運動」という言葉が出て来ます。だが、ここでの主要な関心は「市民」対「住民」にはない。むしろ同じ一〇月に出た『調査報告書 大都市における地域政治の構造――杉並区における政治・行政・住民――』(都政調査会)の方が「市民」という言葉こそ使っていないが、対「住民」の問題意識が感じられます。

B そのあたりになると専門的でついていけない。少しくわしく説明してくれ給え。

A この本は既存の地域政治の担い手――たとえば町会役職者などの実態を解明する過程で地域民主主義を確立していく新しいエネルギーを発掘しようとした、その意味で六〇年安保後の民主主義の課題に一石を投じたものとして評価できると思います。こうした流れが六三年四月、横浜市に飛鳥田革新市政を生み、「一万人市民集会」「市民参加」となって結実をみるわけです(7)。

だが、今はこの話を続けるよりも「市民」派の「住民」観、「市民」観を明らかにしておきたい。ここでは、篠原一教授と松下圭一教授の考え方を取りあげてみます。

B いよいよ「理論」的住民運動論の検討に入るわけだね。

A たとえば、篠原氏は「市民運動の論理と構造」という論文で、今日「市民運動」が高揚する中で「群衆が市民」に「農民が市民」に「労働者が市民」になり、「これまで言葉として習熟せず、せいぜい何々市の住民を意味するにすぎなかったこの言葉は、いまや国民のあいだにプラス・シンボルとして定着しつつあるように思われる」(傍点は原文(8))と述べています。続いて彼は「市民運動」を類型化し、「都市公害に対する抵抗運動としての市民運動」「地方自治体改革ないし住民自治の要求をめぐる市民運動」「反戦運動、平和運動」を三つの典型として指摘します。

B　するとこれは、最初に問題にした飛鳥田市長のように「市民運動」を広義にとらえたものと考えていいのだろう。

A　そうですね。「市民＝生活者」[9]を意味する限り、ほとんど同じといえます。だが、篠原氏が「市民は社会性をもち、市民としての連帯感、さらには外国の市民との連帯感をもったとき、はじめて完結する。……ともあれ、社会性を欠いた個の確立だけでは、市民とはなりえない」[10]と強調する時、住民のもつ地域に根ざす、その意味で紐帯的な特殊な側面は捨象されてしまう。

もう少しくわしく説明しましょう。篠原氏は自ら練馬の区長公選運動に関わる中で、その運動をつぎのように評価しています。

「この運動は『特殊』練馬の改革に出発点をおきながら、それは区長公選の原理をつらぬくのだということが主張されている。……さらには地域民主主義の確立が目的であるという基本方針の中に、地域的な『特殊』からより大きな『普遍』へ昇華させていこうというつよい意欲がうかがわれる。そういう意味で、この運動は従来の住民運動とはことなる、一つの典型的な市民運動としての特色をもっている。この運動に対しては、具体的な住民の利益と直接的なかかわりがないから、これは住民運動ではないという指摘が左翼政党からなされたといわれるが、この言葉ほど市民運動と在来の住民運動観とのコントラストを示すものはない」（傍点は原文）[11]。

B　なるほど「特殊」から「普遍」への昇華か。巧みな表現だな。

A　そう、「住民から市民へ」[12]というわけです。だが、ここでは「住民」の地域にもつ存在の重みが落ちてしまっている。つまり、練馬区の区長公選運動を「住民運動」の視点からみるならば、まず、自分たちの住んでいる練馬区の区長公選を勝ち取ることに全力をそそげばよいのであって、変にもの分かりよく「普遍」だの「連帯」だの「地域民主主義の確立」などに問題をすりかえるべきでないということになるはずだ。

B　なまじ「普遍」的価値意識とか市民的「連帯」を掲げると運動の確固たる目標がボヤけてしまうということだな。

A　そうともいえるでしょう。豊前の松下さん達にとっては豊前火力絶対阻止であり、横浜の宮崎さん達にとっては横浜新貨物線反対なのです。私は「普遍」とか「連帯」を軽視するわけでは決してありません。しかし、篠原氏の「特殊」「住民」をむしろ低次元のものとみなし、「普遍」「市民」を強調するのには反論せざるをえないわけです。

B　「普遍」とか「連帯」の重要性は君も分かっているだろう。たとえば、今取材中の「海外への公害輸出」反対闘争などは、君のいう「住民」レベルからはなかなか出て来ないのではないか。

A　現状ではその通りでしょう。このことは住民運動の特色を述べる時、明らかにするつもりです。

問題をもどして「市民」派の検討を続けます。ある住民運動家は、運動の過程で「赤ん坊を背負った主婦が命がけでブルドーザーの前にすわりこんだりするような、一見無謀とも思われる行動をとる」理由を問うて「それは問題が、その人々の『住む』という行為に、平たく言えば日常生活に、大きくいえば生命の維持そのものに、直接的にかかわっているからである。ことが生命の問題であるとき、人はいやでも二者択一を迫られる。……裏を返せば、住民運動は『負ける』ことのできない運動だということだ」[13]と語っている。

「風成の女たち」はなぜ、極寒の海中に我が身を投じてもセメント工場誘致に反対したのか。[14]松下竜一さんはそこに「やさしさと抵抗」（『本書』第4章参照）という、およそ生活者にとって普遍的な課題をみるのですが、こうした行動は「住民から市民へ」スルリと抜けるような形で出て来はしないのです。

また、「連帯」について他の運動家の証言をここにあげておきましょう。

「田子の浦のヘドロ公害がきっかけで、これまでどれだけ多くの『研究者』『活動家』そして『報道者』がここへやってきたかわからない。しかし、多くは、行きつくところよそ者であった。『わたしらは、みなさんの同志として、ここに連帯のあいさつを送ります』と、いかにもこなれない言葉で挨拶したが、一日、二日たつと風のごとく消えていた。

よそ者とは、最終的にかかわることをはじめから拒絶して、なお『連帯』という言葉に酔う傍観者のことである」（傍点は原文）。[15]ここに「住民」運動の閉鎖性を指摘するのは容易でしょう。だが、こうした根底的な批判に対して「市民」派は一体どう答えるのでしょうか。

B　ウーン、いよいよ核心に入ってきたね。もう少し話を続けてくれ給え。

A　つぎに松下圭一教授の場合をみましょう。松下氏はおよそ二つの面から「市民」イメージを明らかにしています。

まず第一に、市民とは「身分共同体的な伝統的生活様式の禁縛から『解放』され、……伝統的な生産手段から『自由』となったプロレタリア化した層」を前提に、その後の生活水準等の向上の中で『余暇』と『教養』を増大させたプロレタリア化した人口量……である[16]」というとらえ方。

第二に「〈市民〉とは都道府県、市区町村というような行政区画の住民という意味ではない。また小市民層というような特定階層をさしてもちいられるのでもない。〈市民〉とは、自由、平等という≪共和≫精神の形成をみた自発的人間型[17]」というとらえ方です。

B　「市民」については概念がかなりはっきりしているけれど、「住民」についてはどう言ってるんだい。

A　松下氏はあまり「住民」という言葉を使いませんが、「ただ住んでいるというだけの民[18]」として考えているようです。つぎの図をみて下さい。

統制型　国→都道府県→市区町村→市民

参加型　市民→市区町村→都道府県→国

これは一九七一年の『市民参加』（東洋経済新報社、一九七頁）の中で、松下氏が示した二つの理念的な政治的統合の形態です。ところで、七五年の『市民自治の憲法理論』（岩波書店、一六八—九頁）では同じ図で、用語の変化がみられるのです。

下降型　国↓都道府県↓市町村↓[住民]

上昇型　[市民]↓市町村↓都道府県↓国

[　]は引用者

下降（統制）型の底辺が「市民」から「住民」に変わっています。かつてこの底辺は「個人」とされていた[19]ことからすると、この言葉の変遷の中で、「住民」は結局、国、地方自治体の縦系列に包摂（絡）される客体的存在に落ち着いてしまうわけです。これでは「住民」運動は考えられない。たしかに松下氏は「市民は神のごとき存在ではない。それは喜怒哀楽をもった私たち普通人にすぎない[20]」と語っています。しかし、彼ら「市民」に期待される「シビル・ミニマム」はなんと「スマート」でしょう。「革新都市づくり綱領（案）シビル・ミニマム策定のために」（前掲『市民参加』「資料」参照）と私達のつくった「環境破壊に抗して私達に何ができるか」（『本書』第7章〈参考〉参照）を比較すると、私の言おうとしていることが理解できると思います。

B　ああ、あのパンフレットだね。ウチの女房もあれを読んで以来、「水を大切に」を初め「節約」運動に励んでるよ。

A　いや、「節約」だけじゃ困るんです。あのパンフレットにはまさに「市民」的抵抗と連帯の意味がこめられているんだから。

B　「市民」的抵抗と連帯？

A　ええ。私は今後も運動を続ける中で「住民」と「市民」のそれぞれの強さを学びたい。その意味でも「市民」派の検討は重要です。それからここでは直接ふれませんでしたが、日高六郎「市民と市民運動」（『岩波講座現代都市政策Ⅲ市民参加』岩波書店、一九七三年）は「住民」と「市民」を考える上で示唆を与えてくれます。そこに「市民」派の自己批判がみられるからです。

「階級」派の運動論

B　さて、つぎは「階級」派の住民運動論に入るわけだが、それはどんな特色をもっているんだい。

A　そうですね。この立場の理論家は住民運動を階級的視点からとらえようとします。そこで、彼らは概して「市民」運動という言葉を「プラス・シンボル」として使いません。

B　「市民」という語の曖昧さ、また、その「プチ・ブル」性が問題にされるわけだな。宮本憲一教授は確か「安保条約破棄」「原水爆反対」運動など、私達が一般に「市民運動」といいそうな運動を「住民運動」の一つに位置づけているが、(21)彼は階級的視点に立って住民運動論を展開しているといえるのかね。

A　広くとらえれば、そういえると思います。しかし、彼の「住民運動」論はきわめて柔軟です。

たとえば「住民運動とは、住民が或る要求や問題をもち、政府・自治体や企業などにたいして働きかける運動である」と定義した後、宮本氏は「その構成員が階級的身分的あるいは職業的に同一でない」[22]点を強調します。さらに住民運動における「市民性」[23]についても一定の評価を与えます。一方、ここで取り上げる遠藤晃助教授の運動論の場合、「住民」とは「労働者階級」と「勤労住民」であり、「市民」ではありません。遠藤氏の都市問題に関する運動論を少しくわしく検討してみましょう。

彼はまず都市問題を「資本の客観的な運動法則……から必然的に産みおとされる現象」（傍点は原文）[24]としてとらえ、その対策さらに解決が住民運動の課題であると主張します。

B　ちょっとまって。資本の運動法則を根底的に変革できるのは、マルクス主義の立場からすれば、つまるところ労働者階級による「階級闘争」になりはしないだろうか。その場合、住民運動が一体こうした理念を担えるものだろうか。

A　その通りですね。遠藤氏は「現代はすでに確立された資本主義社会で……人びとは截然と階級に分かたれている」[25]。それ故「……多くの都市住民が直面し、苦しんでいる都市問題への対策の発展は、ひとえに住民運動の階級闘争、統一戦線運動への発展にかかる……であろう」[26]と述べています。

B　なるほど。「住民運動」はここでは一つの路線のうちに位置づけられるのだな。

A　そう、彼は都市問題を発生させる資本活動への制御・規制を「住民運動・民主的自治体・民主的政府」の方向に展望し、こうした過程を通じて「労働者階級・勤労住民は、公的権力の名によって合法的に、国民経済の管理部としての国家の行政を駆使し、独占資本の活動に民主的人民的統制を加えることになる[27]」と述べます。兄さんの指摘したように「正しい」路線を歩むことによって都市問題対策がなされるというわけです。

B　きわめて理路整然としているが、住民運動とか市民運動とかはもっと多様なものではないのかな。つまり、場当たり的な「もの取り」主義から「世界平和」を希求する高邁な理念を掲げるものまで……。

A　私もそう考えます。しかし、遠藤氏によれば「現実的対処を求める運動は、真の解決をなしとげていく巨大な規模での運動の発展――それは文字どおり、巨大な規模での運動でなければ達成されえない――の裾野をつくる」(傍点は引用者)[28]として位置づけられます。

B　住民運動・民主的自治体・民主的政府の方向性、正しい路線、真の解決への裾野――ずいぶん「住民運動」は限定されてしまうわけだな。

A　そうです。住民運動の展開過程でこうした展望をもつ住民組織が出てくるかもしれないし、あるいはそのことがその組織にとって望ましいかもしれない。しかし、もしも個々の住民運動が「巨大な規模での運動の発展の裾野」の一つとしてしか評価されぬとすれば、「ひとつひとつの闘争にたずさわっている主体とその意志」を軽視する結果を招きはしないでしょうか。事実、遠藤氏は「民主政党の指導のもとに……大きく統一戦線に結集していく道[29]」を阻害するものとして「住民運動の内部からの逆流、とくに『市民主義』の問題[30]」にふれ、「市民ひとりひとりが立ちあがり……あくまで個人の主体的な選択によってつくられた連帯の運動」（傍点は原文）[31]をきびしく批判しています。

B　「市民主義」とは「市民」派のことだろう。つまり彼らの思想や行動が「住民運動」の統一戦線に分裂をもたらすというのだろうか。

A　そうですね。遠藤氏は「現代の社会にあっては、超階級的個人にではなくて階級関係を前提とする組織にこそ自由を実現しうる力があり、被支配階級は組織によらぬかぎり、生活をまもり自由を獲得していくことはできない[32]」と述べています。だから「市民」運動にしろ「住民」運動にしろ、個人の問題以前に階級と組織・統一が強調されるわけでしょう。彼はまた、統一戦線運動に合致できる「市民運動」に対して「善意の『市民主義』運動」（傍点は引用者）[33]という表現を用いますが、そのうらには悪意のそれを想定するわけで、私は住民運動のこのような選別は――とくに「民主的」知識人や「民主」政党がそれを行なうとすれば、今後の住民運動の発展にとってきわめて不幸で残念なことだと思います。

「できるならば平凡に、静かで平和な人生をおくりたいと願っているひとりの老人、ひとりの農民、ひとりの主婦が、それぞれに手弁当で、家庭や、ときには職をすて、あるときは生命さえ賭けてたちあがっているのはなぜなのか。そこのところを探ろうとしないかぎり、住民運動や消費者運動の〃こころ〃を解析することは到底できない。そして、それなくしては正しい対応策が生まれ来ようはずもない」（傍点は引用者）[34]。日本経済調査協議会の『住民運動と消費者運動――その現代における意義と問題点――』（昭和五〇年三月）に対する住民運動側からの批判は皮肉にも「階級」派の住民運動論に対しても通ずるものがあるようです。住民運動の担い手一人一人の〝こころ〟を読み、それを理論化していくことこそ「階級」派運動論の課題でしょう。

B おそらくそうだろうね。住民運動が要求や反対の運動（自助）から自主管理（自治）の段階に進めば、そこでは政党や専門家の役割はますます重要になるのだから。これでどうやら、実感から理論へ住民運動論を概観したわけだが、いささか疲れたね。

住民運動の特色

C お兄さん、お話はだいぶ進みましたか。一息いれたら今度は何について話すの？

B 「実感」派、いやマスコミの語呂でいえば「住民」派かな、その住民運動の特色に入るわけだ。

C するとまず、例の常民・農漁民・住民・市民の図式が出てくるのね。

A そう先走って言われるとやりにくいなあ。先日、女房に「住民」の概念を話した時に、たまたま一方の極に「常民」イメージを置き、他方の極に「市民」イメージ――いや正確には「コスモポリタン」の方がふさわしいかもしれないが、を置いてその軸の中間で「住民」について説明したのです。

B それでは、その説明をきっかけに住民運動の特色を聞くことにしよう。

「常民」運動と「市民」運動

A　最初は少し観念的ですけど、我慢して下さい。まず、「常民」イメージを土着的で農山村とか漁村の共同体（有機体＝全体が部分を包摂）に生活し、そこでの人間関係は血縁・地縁紐帯的でソトに閉ざされたものとしてとらえてみます。この社会では、わが国特有のあるいはその土地独特の伝統的生活様式や文化なりが意味をもつでしょう。すると一方、それと対照的な位置に「市民」イメージを考えることが出来ます。彼らは土地、共同体の拘束を離れて自由な市民社会（工学器械《メカニズム》＝部分が全体を構成）に生活し、そこでの人間関係は機能的、連帯的でソトに開かれている。彼らは個として合理的・普遍的生活意識を指向する。いずれも理念型（Idealtypus）ですけど、この両者の間に「農漁民」とか「住民」を置いてみるわけです(35)。

B　なるほど、君の考えでは一方に「常民」運動を、他方に「市民」運動を想定するということだね。

A　そうです。しかも、この軸では「市民」運動以外はおそらく住民運動の範疇に入ってくるからその組織、構造、リーダーシップなどは多様です。多様性が住民運動の特色といってよいくらいです。

石牟礼道子氏の描く『苦海浄土――わが水俣病――』（講談社、一九六九年）には私のいう「常民」運動の世界があるように思います。

「今日はあやまりにきてくれなったげなですな。あやまるちゅうその口であんたたち、会社ばよそに持ってゆくちゅうたげな。……ようもようも、水俣の人間にこの上威《おど》し嚙ませなはりました。あのよな恐ろしか人間殺す毒ば作りだす機械全部、水銀も全部、針金ひとすじ釘一本、水俣に残らんごと、地《じだ》ながら持っていってもらいまっしょ。東京あたりにでも大阪あたりにでも。水俣が潰るか潰れんか。天草でも長島でも、まだからいも麦食うて、人間な生きとるばい。麦食うて生きてきた者の子孫ですばいわたしどもは」（二八五頁　傍点は引用者）。一五年間チッソ社長の来訪をひたすら待ち続けた水俣の女性の発したこの言葉は、かつて土本典昭監督の映画「水俣――患者さんとその世界――」でみた不知火の海を、そして「怨」を胸に御詠歌を和唱する株主総会の場面を彷彿とさせます。到底表現しつくされないのですが、そこには何かしら土着に根ざした〈存在の重み〉がこめられている。

一方、「市民」運動の世界は二上実「〝殺すな！〟ということ」に垣間みることができます。

「わたしは思います。人間は、母の胎内に宿った時から、人間として生きなければならない義務があるのではないかと。一分一秒でも長く生きなければならない義務が人間にあるのではないかと思うのです。……しかし、現実には権力者は人殺しをしているのです。その現実を知れば知るほど怒りを感じ、何かをしないではいられません。何もしないのは、自分も加害者と同じ人殺しだと思うのです。何度見ても目をそむけてしまうベトナムの悲惨な子どもの写真を見るたびに思うのです。何かをしなければならないと」（傍点は引用者）[36]。

べ平連運動との関わりの中で一九歳の受験生が綴ったこの手記には、人間として真摯に生きようとする〈意識の高み〉が感じとれます。

B　水俣とべ平連の説明で二つの理念型については少し具体的なイメージをつかめた。ところで肝心の「住民」運動の特色はどうなんだい。君と一緒に執筆する人達は住民運動の実践者なのだろう。

地域性

A　私は現在の「住民」運動を「常民」運動を原型としてみています。水俣、忍草（北富士）、三里塚、高浜入そして豊前、渥美町、富士川町、横浜、千葉、伊達、いずれもその土地土地により濃淡があるとはいえ、住民運動の第一の特色はその土着性にあります。

B　つまり甲田氏の「土民・土語」とか宮崎さんの「地域性」ということだな。「私たちは土語でものを考える。それによってしかほんとうの思いや怒りをあらわすことは出来ないのだ。……運動は、部落のひだを這うようにして進めなくてはならない。部落的風土の中にはその風土が生み出した唯一の共通語としての土語が生きている。土語は私たちにとっては母語である。心にしみ通る対話はそれにすがる以外ない[37]」。

A　そう、住民運動はある土地に住み生活している人々が、そこに何か具体的な問題を感じた時に起こります。担い手はアモルフな「市民」でなく、階級としての「労働者」ではなく、地域「住民」なのです。実践者がよく引くフランツ・ファノンの「橋をわがものにする思想」につぎの一節があります。「ひとつの橋の建設がもしもそこに働く人びとの意識を豊かにしないならば橋は建設されぬがよい」（傍点は引用者）。[38] 重要なのは「そこに」という個所にある。それは強烈な住民「自治」（self-government）指向を表現しているからです。

B だが、こうした「自治」――治者と被治者の同一化を徹底化すれば、アナーキーの方向に行きはしないだろうか。そこには公なるものが成立する条件など出て来ないだろう。そうなれば現在の公共事業の執行はまるで不可能じゃないか。

日常的実感

A 住民運動の第二の特色はそれが実感（感性）から出発し、問題を直接的、具体的にとらえるところにあります。だから上からのタテマエとしての「公共性」は通用しません。地域につくられるコンビナートが、火力・原子力発電所が、幹線道路が本当にそこの住民の生活を豊かにするかどうかが問題にされるわけです。私は現在の住民運動は〈公共性〉そのものを否定していないと考えています。[39] このことについてはあとで少しふれるつもりです。

行政・資本悪玉論

さて、こうしたことと関連していわゆる「行政・資本悪玉論」を第三の特色として指摘できます。

B 政治不信と「お上」への反発だね。

A しかも、抽象的に「悪玉」を問題にするのではなく「エセ革新伊藤」「戦争犯罪人宮崎」と名ざしで攻撃するわけです。

B　だが、実感や感情論で運動を進めていって一体何が生み出せるのだろうか。取材しながら時々疑問をもつのは、彼らのウチ意識（閉鎖性）であり、体験主義（体張り論）なんだがね。

A　住民運動の担い手の多くはもともと政治家や専門家を信頼し、税金もきちんとおさめて生活しているむしろ誠実で模範的な「国民」です。だからこそ、政府や審議会が「公共性」を振りかざし、住民にとってあまりに理不尽な決定を押しつけてくる時、その裏切りに対してはげしい怒りをもって立ち向かうのです。政治を軽蔑し、信頼しない人々にどうしてあれだけのエネルギーが出せるでしょうか。横浜新貨物線にしても三里塚にしてもすでに一〇年、運動を続けているのです。

閉鎖性と体験主義

B　君の憤りはよくわかるが、ウチ意識、体験主義についてはどう考えるね。

A　一般に住民運動における「常民」イメージが濃くなるほど、ウチ（共同体）意識は強くなるといえるかもしれません。が、それ以上に住民運動のウチ意識は、それが目標を一つにしぼって運動を続けていること、運動体を強固にするためにまず、現場を大切にし、その結束を重視すること、さらにヨソの人達は最終的には頼りにしないとする一つの信念に求められるでしょう。

B　なるほど、そうした自立性も住民運動の特色といえるね。しかし、排他的な印象はぬぐえないな。

ところで、三年前オイル・ショックの時、ある大学の先生が私におもしろい話を聞かせてくれた。当時、日本の大多数の主婦はトイレットペーパーや合成洗剤などの買い急ぎ、買いだめに奔走した。買いだめというのは他人に秘密で、自分だけうまくものを手に入れなければ意味がない。そこではたかだか近所二、三軒が寄り合ってスーパーにかけつけるぐらいの団結しか生まれない。一方、アメリカでは、牛肉暴騰の際、主婦は買い控えの運動を起こした。買い控えは一人でやったのではまったく効果がなく損するだけだ。そこでできるだけ多勢の主婦に呼びかけて、とにかく牛肉を安くするまで不買を続けようということになる。同じ「モノ不足」であっても、両国民の対応には大きな相違がある。つまり、アメリカにはオープン・デモクラシーの伝統があるというわけだ。この話はわが国の住民運動のありかたに示唆を与えないだろうか。

A　石油パニックの時、主婦による合成洗剤買い急ぎが、これまで石けんを使う消費者運動を進めてきた人々にショックと深刻な反省を与えたことは事実ですね。とにかく「自分さえよければ」の流れに石けん側は敗れてしまった。しかし、その後石けんを使う消費者は着実に増加し、昨年あたりは合成洗剤の売れ行きがだいぶ落ち込んだと聞いています。そういう点でわが国の運動が広がりをもたぬとは必ずしも言えません。

ただ、住民運動は消費者運動とちがってより地域性が強く、なかなか外に向かない面はあると思う。それが長所であると同時に短所でもあるわけです。

B　さて、その他に住民運動の特色としてどんなものが考えられるだろう。

直接参加

A　「直接性」といったことが上げられるかもしれません。「東京湾のクラゲが、温排水の怨念を体に背負ってね、体ごとぶっつけてさ、あの単細胞のクラゲでさえね、コンピューター止めて、新幹線止めて、映画館止めてよう、銀行も止めちゃったわけだ。やっぱりこれに見習わなきゃいけないと思うんです[40]」。これは川崎市で漁師の立場から工場公害を告発している前田文弘さんの発言です。ここには彼独特の体張り論の主張がみられますが、同時に問題の解決に直接関わり合おうとする住民の強い意欲が感じられます。

B　間接民主制の擬制への挑戦だな。クーラー騒音に取り組んだ棚橋隆さんや臼杵市のセメント工場誘致に反対運動を展開した後藤国利さんも、結局われわれ住民自身の力だけしか頼りにならないと述べているね。選挙に期待できず[41]、政党も労組もあてにならない、と[42]。確かにマンション建設をめぐる日照権問題や近隣騒音の解決など、まず直接性に訴えざるをえないだろう。

A　そうですね。臨海地帯の大規模開発にしても、海面埋立差止請求が住民によって提起されているのに、沖縄県金武湾のように行政が一方的に埋立を強行し、裁判所が「原状回復が無理なので訴えを却下する」との判決を出すようでは、住民は直接行動をとらざるをえないでしょう。

松下竜一さんは豊前の明神海岸埋立反対訴訟の法廷には、おそらく白鷺の群れも、干潟のアサリ貝や小蟹やゴカイも出廷して直接反対の証言をするだろうといっています。「ワタシタチノエサバヲウメナイデクダサイ。ワタシタチヲブゼンへイヤカラオイタテナイデクダサイ。ワタシタチノスガタヲウツクシイトオモッテクダサルノナラ……」。「……ウミヲウメナイデクダサイ。ソレハオソロシイコトデス。ワタクシタチガホロビルダケデハスマナイ、ヤガテソレハニンゲンノウンメイトナルデショウ……」[43]。行政や資本はこれらの叫びを単なる反文明へのノスタルジアと片付けてよいものでしょうか。

B　ウーン。何か住民運動の心情が伝わってくるような気がするなあ。「人間くささ」といったものでなく、もっと普遍的な「人間性」のような……。

A　「やさしさ」ということでしょうね。私が出会ってきた住民運動の実践者は、そのほとんどがこの「やさしさ」とたゆまぬ「ユーモア」を持ち合わせているよう 記憶しています。住民運動家の人物像については公害問題研究会の仲井富氏が「実践者との出会いの中で」(『本書』第8章参照)でくわしく語っていますから、ことさらふれるつもりはありませんが、実践者のこれらの資質がさまざまな困難を乗り越えて今日まで運動を持続させてきている原動力だといっても過言ではありません。

B　さて、課題と展望に入る前に、一応の締めくくりとして今日の住民運動に君なりの定義を下すとしたら一体どういうことになるのか聞いておこうじゃないか。

「住民運動」とは

A　それはむずかしい質問ですね。住民運動とは地域社会におこる具体的な諸問題を問題として感じた生活者が、その解決を求めて自主的に立ち上がり、さまざまな手段を講じて展開する直接的な運動であると定義しておきましょうか。だが、こういったところで住民運動とは何かの認識はさして前進するわけではなく、むしろ現状では、各地の住民運動（と呼ばれる運動）に実際ふれ、その記録をひもとき、実践者と語らう中で、少しずつ運動の意味をつかんでくることが大切だと思います。

住民運動の課題と展望

B それではいよいよ課題と展望に入ろうか。この本の目的もここにあるのだろう。

A そう、ここ二、三年、住民運動家の集まりの中で七〇年代後半の住民運動をどう進めるかが話題とされ、それぞれに総括を行なったのですから、御指摘のとおりですね。

反省期に入った住民運動

B ところで現在の住民運動はいきづまっているといえるのだろうか。たとえば『市民』七三年九月号の「住民運動・自治・政党・連帯を語る」という座談会で、宮崎省吾さんがその展望にふれ、「一つの矛盾というか、いきづまりみたいなものを感じている」と発言し、北電誘致に疑問をもつ会の正木洋さんが「住民運動とは……さびしいものでしょう」（四八―九頁）と述べているね。

A そういえば、あの座談会は「住民運動とは何か」が出席者それぞれの強い個性を通して実にいきいきと語られていて、何度読んでもつきぬ「おもしろさ」を感じます。今日、住民運動はそれぞれに悩みをもち、さびしさやり切れなさもあるでしょう。確かに住民運動は反省期に入っていると言えるかもしれません。

B　反省の具体的内容とは一体どんなことだろうか。

A　そう性急に言われてもすぐに答は出てきませんよ。それは各々の住民運動によって異なるでしょう。

B　七一年の初めに君は住民運動をつぎのように展望しているね。

「＜脱政党化＞の進行するなかで、公害、交通、住宅、物価など生活防衛意識から出発している今日の住民運動には……＜自助＞の精神が横溢している。それはこれらの問題の解決を怠ってきた議会、政党のありかたを根底的に批判する。が同時に、その批判が創造へ、自助の時代が自治の時代へ展開する時、住民運動はその統治能力を問われることとなろう。その時、住民運動が連帯して新たな政党を生み出すか、既成政党に吸収されるか。それとも何もなし得ぬままに雲散霧消してしまうか。あるいはまたノン・イデオロギーのままに行政に包摂されてしまうか。七〇年代の地方政治はこうした住民運動の帰趨を中心に、行政、議会・政党さらに……社会・経済的エリートのリーダーシップをめぐって争われることとなろう(44)」。

こうした見通しを今、どう考えているんだい。

A　宮崎さんが座談会で述べている「いきづまり」は一つには住民運動の将来に＜第六政党＞を考

える場合、その権力をどうとらえるかにあったと記憶していますが、横浜市から独立して新しい自治体をつくろうとしている現在、権力を否定する自らが権力をもつことの矛盾を痛感しているようです。いずれにせよ、住民（運動）における統治能力の可能性の追究は、自治体を権力体とせず、住民のものとしていくためには、おそらく永遠の課題でしょう。

ところで、七一年に書いた展望は俯瞰的なものでして、今、頭の中にあるのは住民運動の虫瞰的な問題です。

B　では、それについて話してくれたまえ。

ウチ意識と個

A　第一に住民運動のウチの問題があるでしょう。ウチ意識と個の確立との関係です。

B　ウチ意識の克服というわけだな。

A　そうです。ウチ意識は確かに住民の団結を強固にしますが、一方でこうした共同体的指向は内部批判が出にくい土壌をつくり出します。たとえば、ある住民運動団体の交流集会で、大学教授、議員を手きびしく批判した参加者の一人がそこに出席している学者、専門家に向かって「まあここにいる人は別だけどよう(45)」という時、明らかに一種の慣れ合いがあるわけで、団結を大切にするあまり、ウチにおける個の評価があまくなってしまう。ウチであろうと批判せねばならぬ点はお互いはっきりさせる方が、今後それぞれの運動にとってプラスになるはずです。そうでないと住民運動の共通目標は外部の敵たる行政・資本悪玉論だけに終わってしまう。

B　私も住民運動のありかたに不満をもつのはそういう点だ。

A　もう少し話を続けましょう。私達が自動車騒音、振動、排ガスの巷、横浜の国道一六号から千葉に移転した時、運動家の一人が「これで運動をやめることができる。落ち着いて勉強できるようになってよかったですね」と大変喜んでくれた。私自身、実感としては本当にホッとしたのです。だが、道路・自動車公害に限って考えても、問題は地域レベルでは解決しない。私達が一六号を離れたからといって両親はじめ沿道に住む人々はいぜんとして日夜、道路公害による直接被害を受けているはずですし、まして光化学スモッグなどの自動車公害はどこだろうと場所を問わない。とすれば、私達は国道一六号に執着すると同時に、個人としてクルマをどう考えるかが自らにきびしく問われてくる。

B　前に君は、高速道路建設に反対している住民運動団体が官庁に自動車デモをかけたという新聞記事を読んで激昂していたね。そういう傾向はまだ住民運動の中に強いのかい。

A　必ずしもそうとはいえません。運動の中で個としてのありかたを真摯に考える人々はふえてきていると思います。「相手を告発するということは、即ち自分自身をあからさまにして究める、ということに他ならない」(芦川照江)。だが、たとえば今日の住民運動の中にみられる一種の「共同体」思想がきわめて「ウチ」なる狭域に自給自足の楽園を求めるにとどまるならば、それは海外への公害企業進出阻止などになかなか目は向かないだろうと思います。

「市民的躾」

B　君が言おうとしているのは松下圭一氏の「市民的躾」ということかね。松下氏は「市民参加とその歴史的可能性」の結びで小島政二郎『俺伝』を引きながら「市民的躾」の重要性を説いている。「……俺の子供の頃の上野を思い出して見ても、現在よりも遙かによかった。町も奇麗だったし、ああせせこましくなかったし、ああうるさくもなかったし、静かで、青いものは多かったし、町全体が一つの絵になっていた。町に一種の雰囲気があった」。『俺伝』はかつて情操教育とか、公徳心とかは家庭だけでなく町が無言のうちに教えてくれたと書いている。ところが現在、こうした「社会生活」の規範はすっかり失われ、町には投げ捨てのコーラの空きかんがころがり、ビニール袋やゴミが散乱し、人心殺伐とした雰囲気である。そこで、松下氏は町内会・部落会の「ムラ規制」によって支援されていたこうした「生活思想」を「新しい市民自治の文脈のなかで市民的躾の形成として再生」(46) しようというわけだ。

自立と連帯

A　私も松下氏のこの提案に賛成です。ただ、私は「住民」運動に執着しながら「市民的躾」をとらえてみたい。こうした関連で第二の課題に自立と連帯の問題が考えられます。
B　連帯については先に統一戦線論などにふれた時、議論したけれど、大きな問題だね。連帯とはつまるところ住民運動において一人一人の個が形成される中で可能になるのではないかな。たとえば、自分にして欲しくないことを他人にもするのをよそうといった考えかた。清掃工場の建設に反対していた主婦が我が家のゴミの捨てかたを反省し、同時に消費者運動に参加していったり、また、高速道路建設に反対の住民が自らクルマを捨てたり……。

A　ウチを汚して欲しくないと考える人はソトでも空きかんやゴミを捨てないこと——これなどは「市民的躾」ですね。兄さんも指摘した通り、一つの住民運動を続ける中で、今日の環境破壊はウチだけの問題ではないと気づいた人達が、さまざまな形で他の運動と連帯し始めていることは確かです。反火力をやりつつ森永を不買したり、干潟の問題を考えたり、その方法はいろいろです。しかし、反公害泉北連絡会西村徹氏の「私はここで三里塚をやり水俣をやっているつもりだ……私は土地にしばられているからここでやります[47]」という言葉も住民運動にとってズシリとした重い意味をもっていると思います。

B　ベトナムや韓国でその圧制と戦ってきた民衆が、日本人に向かって日本で日本の圧制と戦うことこそわれわれと連帯することになるのだと呼びかけるのと同じだね。

A　そうです。「橋の思想」のもつ自立性はまさにそこにあるのです。ヨソびとを頼りとせず、自らの意志を貫くこと——つまり人間が連帯できるのは自らのうちに連帯の核ともいうべきものをもつ時ではないでしょうか。ここで、私は住民運動における連帯の一つのありかたとして、新潟水俣病の近喜代一氏が仲井富さんに語った「木片の比喩」(『本書』第8章参照)を紹介しておきたいと思います。

B　「木片の比喩」とは一体なんだい。

A　ここに海で溺れようとしている人（住民）がいるとします。彼にとって海面に漂う木片はその色がアカであろうとクロであろうとそんなことはどうでもよい。助かるためにはまず、それにすがらねばならない。溺れそうな人々の数が多ければ、より沢山の木片が必要とされるだろう。こうして住民（運動）と木片（支援団体）との輪が広がりながら連帯が取り結ばれていく。近さんは新潟水俣病の運動の中で連帯の問題をこう考えた。私はこれを「木片の比喩」とよびたいのです。たとえば、反火力運動全国連絡会議にみられる運動体同士の交流もおそらくお互いがお互いの木片になるという意識なのでしょう。

政党・専門家との関係

B　ところでその場合、政党とか専門家との連帯はどう考えるのだい。

A　実は「木片の比喩」は主として住民運動と政党をどう結びつけるかを模索する中で出てきた考えかたなのですけれど、私は先の『市民』の座談会での正木発言が住民運動の立場から両者の関係をより明確にしていると思います。少し長いですが、引いておきましょう。

「ぼくら反対運動をやってね、結果としてある政党の勢力拡大になったんだというふうなことだったら仕方ないんだけども、ある政党の勢力拡大のために伊達火力反対運動を行なうというのは反対なんです。……たとえば政党だとか労働組合の支援はうけるけれども、支配されるのはごめんだ……。……ぼくは火力が建たなきゃそれでいいんだ。……火力が建たないために手伝ってくれる人は、これは右も左もない。自民党だろうが共産党だろうが、新左翼だろうが。ただ、その趣旨に合致しなくなった時にはお引きとりいただく……。

自分たちの要望をかなえてくれるような首長を選び出すという方向までいかないとダメだという説もある。これもちょっと魅力的ではあるけれども（笑）、いまのぼくなんかの考え方では、それはよこしまな考え方なんです。結果としてはそういうことになるかもしらん。プラス・アルファとしてね。だけどプラス・アルファをねらって、たとえば伊達火力反対という目標を設定するというのは、何か事が貧しくなってくる。……どうせ貧しいんだから、貧しいなりに一つのきちんとした心持ち……を保持したいという気持ちです」（三〇―三一頁）。

この言葉には、連帯における住民運動の主体性と一種の倫理感がある。

B　なるほど、選挙目当てに政党が介入したり、専門家が自分の研究のために近づくのは連帯を損なう「よこしまな考え方」なんだな。

A　もちろん住民運動はそれほど厳格で閉鎖的ではありませんが、支援する側も「きちんとした心持ち」をもって関わることが、双方の今後の連帯、発展を考える上で重要だと思います。

B　いわば下からの統一をどうつくるかということだね。さて、あとどんな問題が残っているだろう。

〈公共性〉への視座

A　〈公共性〉への視座の転換がありますね。

B　従来の「公共性」批判を一歩進めて〈公共性〉の創造というわけか。

A　そこまではっきりしてはいませんが、今まで政府に独占されてきた「公共性」を批判する中で、では、一体私達住民にとって〈公共性〉とは何かを追究し始めていることは確かです。自らの生活のありかたを見直し、現代文明を告発し、「健康で文化的な生活」の現実をきびしく否定する過程で、私達住民にとって「健康で文化的な生活」とは何かを模索しつつあるわけです。

B　それはたとえば「環境権」のようなものだね。

A　そうです。高砂市では高崎裕士さん達が「入浜権」を提唱しています。「古来、海は万民のものであり、海に出て散策し、景観を楽しみ、魚を釣り、泳ぎ、あるいは汐を汲み、流木を集め、貝を掘り、のりを摘むなど生活の糧を得ることは地域住民の保有する法以前の権利であった。また海岸の防風林には入会権も存在していたと思われる。われわれはこれを含め『入浜権』と名づけよう」（「入浜権宣言」より）。

私も子供時代、横浜の磯子の海で泳いで大きくなりました。この海はその後、根岸湾臨海工業地帯造成のために埋め立てられてしまいました。今の横浜の子供は小蟹が遊び、小魚が群れる海辺の風景を知らないのです。彼らにはダンダラ模様の煙突の傍らに「マンモス・プール」が一つ残されただけです。「入浜権」はすでに忘れられつつある自然の海辺を取り返そうというのです。

渥美の公害勉強会北山郁子さんは「いのちの母胎ともいえる海、そのいのちをはぐくみ、栄養と浄化を与える、いわば胎盤のような役目をする干潟……これだけは自分のためにも、自分の愛する人人、愛する子供たちのためにも、どうしても残しておきたい」[48]と「干潟の思想」を語っています。

B　高度経済成長はまさに国是として全国各地の海面を埋め立ててしまったからね。大都市では近くの海で潮干狩や海水浴を楽しむことはまずできなくなってしまった。

A　さらに名古屋市では北村誠二さん達がクルマで奪われた道路を歩行者の手に取り戻そうと「歩行権」を主張しています。そもそも私達が歩道橋を上り下りし、車が平面を走るのはおかしいと……。海にしても道路にしてもよく考えるといつの間にか価値観が逆転させられてしまったわけです。

B　これらの主張は今日の環境破壊を鋭くえぐっている点では共鳴を覚えるけれど、これを推し進めるとなんだか「原始生活」に逆戻りしそうだなあ。

A　確かにその辺は住民運動の中でまだ煮つめた議論は行なわれていないと思います。すさまじい環境破壊の進行をとにかくここで食いとめねばという意識が先行して現代文明をどう再評価するかのゆとりは出てこない。だが、ちょっと想像しても、自給自足の「共同体」指向にせよ、「暗闇の思想」にせよ、思考としてはラディカルで魅力的であっても、いざ文字通り現実化するとなると、多くの住民はおそらく躊躇してしまうといえるでしょう。その意味でも、それぞれの住民が「これが私にとって健康で文化的な生活の内容だ」という具体的なものを断片的であれ主張し、〈公共性〉論議に加わることが重要であると考えます。昨年（七五年）春あたりから私達も住民の立場から〈公共性〉をつくり出すために、日本公共学会（団）の設立を議論しているところです。

B　早くそういう学会ができて、さまざまな角度から〈公共性〉論議が交わされるとよいね。こうした中にこそ原初的な意味での〈住民自治〉があるのだから……。ところでほかに課題と展望はあるかな。

A　そうですね。〈公共性〉を住民の手で、といったところで、現状ではいぜんとして「公共性」は行政の手中にあるわけですから、行政責任をいかに問いつめていくかも具体的に考えていかねばならない[49]。また、個々の住民運動にとってはその目標をいかに達成するかが重要な問題でしょう。たとえば、私達反道路・自動車公害運動を進める住民には、当面、クルマの総量規制、幹線道路建設凍結、公共輸送体系の充実などが課題となります。しかし、その展望は決して明るくありません。だからこそ、私達が運動の輪を広げ、行政・資本の「公共性」を批判しつつ私達の〈公共性〉を打ち出すことが、すべての住民運動にとって今後の展望を切り開く共通の課題となるわけです。

あとがき

B　ようやく住民運動についてひととおり話し終えたね。何か言い残したことはあるかな。

A　最初にふれたように、これはあくまでも「管見」であり、今日の住民運動の多様性を考える時、その一端しかとらえていないかもしれません。たとえば、ここでは反公害住民運動を中心に論じていますから、いわゆる「町づくり運動」といったポジティヴな面は扱われていません。さらに中央高速道の開通や杉並区の清掃工場建設をめぐっておきた住民（運動）同士の対立についても突っこんだ議論をしてはいません。これらは今後、〈公共性〉論議の中で大きな課題となるはずです。また、理論面でも社会学者の住民運動研究、たとえばコミュニティ論等、検討すべきだったと考えています。

B　しかし、こうしたことが君の住民運動論の今後の実践と研究の課題となるわけだろう。

A　その通りです。そのためにもこの「管見」をめぐってさまざまな角度から問題と批判が出され、さらに実りある住民運動論議が展開されることを私は望んでいます。

（1）「紐帯と連帯」『本書』第**7**章参照。
（2）飛鳥田一雄「市民討議の理念と実際」『勤労市民ニュース』第一四七号（一九七四年一一月）八頁
（3）辻清明『日本の地方自治』岩波書店、一九七六年、三三頁
（4）『月刊地域闘争』第一巻第一号（一九七〇年一〇月）二頁
（5）『市民』第一号（一九七一年三月）二一八頁
『市民』第二号に「『市民』へのひとこと」として松本得三氏がつぎのような文章を寄せている。

「シロウト尊重は、たしかに今後に期待すべきことであるが、いったいシロウトとかアマチュアとかいわれる市民は、どのような言葉をもって『市民』に登場してくるのだろうか。……この問題に正解をみつけださ

ないかぎり、この雑誌が生きていく道のないこともまずまちがいなかろう。正解への手びきとして……手はじめに、専門家にシロウトの言葉で話してもらうというのはどうだろう。資本とか企業とか、中央政府とか地方自治体とかいった言葉での一般的なとらえ方も大切にちがいないが、××株式会社の佐藤社長とか斎藤工場長とか、あるいは厚生省の加藤××局長とか横浜市下水道局の伊藤××課長とかいった具体的なとらえ方。そして小さく断片的であっても、それが資本の論理や政治的権力の実感を伝えるような事実。さしあたって思いつくのはやはりルポだが、政治学者、経済学者、文学者、あるいはその他の分野で働く人たちに、問題のある現場や関係する役所の内部にはいり込んで取材をしてもらう。そして、それを一市民の感覚で表現してもらうのである」(二一五頁)。ここには雑誌『市民』に対する一つの正当な批判が見出せるように思う。

(6)　中村紀一「市民とは何か」伊藤善市編『都市問題の基礎知識』有斐閣、一九七五年、三六九—七〇頁

(7)　飛鳥田一雄『革新市政の展望』社会新報社、一九六七年参照。

(8)〜(10)　篠原一「市民運動の論理と構造」『朝日ジャーナル』第一〇巻第一一号(一九六八年)三五—四一頁

(11)　篠原一『日本の政治風土』岩波書店、一九六八年、一九二頁

篠原氏は他の論文でつぎのように述べている。「市民運動をデッサンすることのむずかしさは、それがカバーする範囲の広さだけにあるのではない。運動の形態の多様さという点もある。これまで私は市民運動という言葉だけを用いてきたが、運動に参加している人によって、あるいは住民運動といい、あるいは地域闘争という。……たしかに住民運動という言葉は地域のもつ重さを示しているが、市民運動という言葉は地域性をもちながら、より広い、人権への拡がりをもち、閉鎖性が少ないという利点をもつ。それぞれがプラス、マイナスを合わせもっているのだ。しかし問題はどちらがより適合的かというようなことではない。ひとびとは自分の参加したあるいは自分のイメージする運動からものを語っているのであり、その結果定義のちが

いがでてくるところに意味がある。地域闘争を語るひとについてもまた同様である」(「市民運動のデッサン」『市民』第二号(一九七一年)一六頁)。
(12) 『同書』一九四頁
(13) 安藤元雄「住民運動の方法論への試み――運動の中から――」『都市問題』第六二巻第三号(一九七一年)四一―二頁
(14) 松下竜一『風成の女たち――ある漁村の闘い――』朝日新聞社、一九七二年参照。
(15) 甲田寿彦『わが存在の底点から――富士公害と私――』大和書房、一九七二年、一二〇頁
(16) 松下圭一『シビル・ミニマムの思想』東京大学出版会、一九七一年、一八四―五頁。なお、「工業化」と「都市化」が「市民化」に与えた意味については松下圭一『都市政策を考える』岩波書店、一九七一年参照。
(17) 松下圭一「市民参加とその歴史的可能性」松下圭一責任編集『市民参加』東洋経済新報社、一九七一年、一九八頁
(18) 『同書』三一三頁
(19) 松下圭一『都市政策を考える』一六〇―二頁

Ⅰ式　国↓自治体↓個人(=受託説)

Ⅱ式　個人↓自治体↓国(=固有説)

Ⅲ式　(個人↓自治体
　　　個人↓国

(20) 松下「前掲論文」一九八―九頁
(21) 宮本憲一「住民運動の理論と歴史」島恭彦他監修『講座現代日本の都市問題8都市問題と住民運動』汐文社、一九七一年、三頁

(22)　「同論文」二頁
(23)　宮本憲一「転換期の住民運動」自治体問題研究所編『地域と自治体第3集』自治体研究社、一九七六年、一六九頁
(24)～(33)　遠藤晃「住民運動の課題と展望」島他監修『前掲書』三九六―四八〇頁
(34)　「人間不在の住民運動、消費者運動分析――日本経済調査協議会報告の解説と批判」『環境情報』第一一号（一九七五年）四頁
(35)　本稿では「常民」と「市民」を両極とした軸の上で住民運動の特色を考えているが、住民運動の大衆（マス）化をこの中にどう組み入れるかが私にとっての今後の研究課題の一つである。
(36)　『朝日ジャーナル』第一〇巻第二九号（一九六八年）一四頁
(37)　甲田『前掲書』三五―六頁
(38)　フランツ・ファノン著　鈴木道彦・浦野衣子訳『地に呪われたる者』みすず書房、一九六九年、一一三頁
(39)　中村紀一「＜公共性＞論議の諸前提」『環境破壊』第七巻第三号（一九七六年）参照。
(40)　前田文弘「東京湾のクラゲを見習って」『月刊地域闘争』第四巻一号（一九七三年）二五頁
(41)　「都市化時代の選挙（下）」『毎日新聞／東京版』一九六九年一二月一六日付朝刊
(42)　後藤国利「環境維持と公害企業」『別冊経済評論／全面特集革新自治体』第二号（一九七〇年）一七一頁
(43)　松下竜一『五分の虫、一寸の魂』筑摩書房、一九七五年、二一五頁
(44)　中村紀一「住民運動と地方議会・政党」『都市問題研究』第二三巻第三号（一九七一年）五二頁
(45)　前田「前掲論文」二五頁
(46)　松下圭一「前掲論文」二四一―三頁
(47)　「住民運動／自治／政党／連帯を語る」『市民』第一六号（一九七三年九月）五二頁

（48） 北山郁子「あいさつ」『汐川通信』（汐川干潟を守る会発行）第六号（一九七五年四月）四頁

（49） 中村紀一「地域開発と地方自治体」佐藤竺編著『地域開発・公害への対応』学陽書房、一九七四年、一六八―一七〇頁参照。

2 〈公共性〉とはなにか

宮崎省吾

はじめに

この小文は、昭和四一年以来満一〇年に及ぶ横浜新貨物線反対運動の経験を通じて得た「公共性」への批判とわれらの公共性への問題提起を目指したものである。

この一〇年間、ともに運動に参加してきた人は多いが、何を得たかは一人一人全部違うであろうし、運動自体として「公共性」の定義を下しているわけではない。従ってこの小文は私の個人的見解であり、運動を代表するものでないことをはじめにお断りしておきたい。

横浜新貨物線とその「公共性」

横浜新貨物線計画の内容

横浜新貨物線計画とは一体何か。国鉄によれば以下のようになる。（本来ならこの部分は国鉄の文書、例えば土地収用法の適用を受けるための建設大臣宛の申請書、これを事業認定申請書と称するのだが、この中の事業計画書あたりを引用するのが筋である。しかし、偏見ではないと思うのだが、この種の国鉄文書は読みにくくかつ単調で、われわれのように国鉄を論破する必要がある人間以外にはとうてい読むに耐えられないものである。従って、素人にも分かるように書き直すことをお許し頂きたい。内容的に正確を期すことは言うまでもない。）

横浜新貨物線計画は東海道線及び横須賀線のラッシュが極限状態になったため、これを緩和するためのものである。ご承知の方も多いと思うが、東海道線と横須賀線は東京―大船間を同一の線路の上を走り、朝のラッシュ時にはギリギリの一五両編成三分間隔で運行していてこれ以上電車の増やしようがない。そこでラッシュを緩和しようとすれば、線路を増やすしかない。この場合考えなければならないのは東海道線と横須賀線の乗客の約四割が横浜駅で乗り換えていることで、つまり横浜駅を通らない線路の増設は意味がない。

ところが横浜駅周辺は過密化していて新しい線路を作る余地がないが、幸いなことに横浜駅には、汐留から新鶴見操車場を経て平塚に至る貨物専用線が通っており、これを客用に転用する。そしてその代わりに横浜駅を北側に迂回する新しい貨物専用線を作る。これが横浜新貨物線である。全長一三・七キロ、生麦事件で有名な鶴見区生麦付近から山側に分岐し、横浜線大口駅の北側を通り、新幹線と第三京浜の交差する地点に六万坪の羽沢貨物駅を新設し、相模鉄道上星川駅を通って、保土ヶ谷―戸塚両駅のほぼ真中の品濃トンネル付近で合流する。

これによって通勤ラッシュは緩和され、同時に貨物輸送の体系も近代化され経済の発展と物価の安定に寄与することとなり一挙両得である。

以上が国鉄による横浜新貨物線に関する説明である。国鉄の事業計画書はこのあと立地選定がいかに土地の合理的かつ有効な利用に寄与するかについてくどくどと述べているが、これは必要に応じて取り上げることにしたい。

「公共性」の独占

さてこの説明の限りにおいて、もっともだと思わぬ人間はまずいないであろう。なんでも反対党の論客でもいささか口実づくりに苦しむのではあるまいか。

問題はむしろそこにある。一つの計画を完全無比なものとして説明するというやり方の中に「公共性」をめぐる全問題の原点があるといっても過言ではない。これは行政による「公共性」の完全独占と密接不可分な表現形態なのである。

およそ一定の規模を持った計画、横浜新貨物線の工事予算は四二〇億円、土地面積一三万三〇〇〇坪、予定工期五年であるが、この巨大な計画の立案に際してさまざまな見解がなかったとはとうてい考えられない。事実この計画について国鉄内部にかなりの激論があったと聞くし、一度固まりかけた路線が変更されたことはほぼ間違いない事実である。

また計画が完成した場合の問題点や悪影響、それが国鉄サイドからであれ、住民からであれ、利用者からであれ、それらがまったく存在しないとは信じられない話である。早い話、本来貨物輸送のために作られた現在の貨物専用線をそのまま客用に転用して、通勤客になんらの悪影響を与えないなどということがあり得るのだろうか。

立案の過程で問題になり、完成後に問題化するであろう諸点や予想されなかった問題（われらが反対運動も国鉄にとってはその一つであるかも知れぬが）をオープンにせず、完全無比、神聖不可侵のバラ色に塗りつぶすところに今日の「公共性」の厚顔無恥な思い上がりがある。

さまざまな問題をもつ（問題がまったくない方がおかしい）計画を誰もが反対や批判することが出来ないように化粧していくプロセスそれ自体が「お上」そのものなのである。

計画の欺満性

さてこの国鉄のバラ色の厚化粧を落としていくと次のようになる。

まず国鉄の大義名分の第一である横浜新貨物線が通勤ラッシュ緩和のためのものかどうかを検討してみよう。

はじめにこの計画が東京―小田原間線路増設工事の一部であることを指摘しておきたい。一方国鉄は東京―大船間で東海道線と横須賀線が同じ線路を走っているから、これを分離して輸送力を二倍にするといっている。当然大船―小田原間の増設はどんな意味をもつのかが問題になってくる。これは貨物専用線として使われ、小田原まで貨客が分離運転されることになる。平塚までは既に貨物専用線があり、これが客線に転用されるので、東海道線の旅客線は東京―大船間が一複線、大船―平塚間が二複線、平塚―小田原間が一複線（いずれも専用）というおかしなことになる。つまり東海道旅客線は東京―小田原間において大船と平塚の間だけ二複線になり、残りの区間が一複線という奇妙な形になるのである。

ちなみに現在の形はというと、東京―大船間が横須賀線との一複線の共用でこれを仮に半複線と称すると、大船―平塚間が一複線、平塚以西が貨物と共用で一複線となっている。国鉄はこれが奇形であるとして線路を増設するとしているのだが結果は奇形の拡大再生産に終わっている。

途中の部分だけ線路のキャパシティーが多いというのは何故なのか。国鉄のパンフレットや資料をよく読むと完成後の運行計画が浮かび上がってくる。それは国鉄が横浜駅や大船駅の看板で宣伝しているような東海道線と横須賀線の分離運転（つまり東京―大船間は二複線をフルに使っての通勤輸送）ではさらさらなく、通勤用一複線、中長距離優等列車用一複線の分離にすぎないのである。そしてこれが大船—平塚間だけが二複線になっていることの根拠であり、逆にいえば大船—平塚間だけが二複線になっていることが今回の計画が通勤ラッシュ緩和のためでないことの証明になるのである。

もし大船—平塚間の二複線を通勤用に使えば、当然東京—大船間も二複線必要になる。ところが東京—大船間の二複線は、国鉄の宣伝では横須賀線が一複線、東海道線が一複線を使うことになっているからこれは不可能である。横須賀線がはみだしてしまう。実際の線路の設計をみると事態ははっきりする。平塚からの一複線は大船駅で横須賀線の一複線と合流し、同じ一複線の上を通って東京地下駅に入り、さらに総武線を走る。つまり平塚発成田行き、木更津発横須賀行きといった電車が生まれることになる。いいかえれば現在の総武線快速、横須賀線、小田原以東始発のいわゆる湘南電車をいわば廃止して、東京湾岸線とでもいうべき新線に一本化するのである。千葉（津田沼）—大船間を基幹として房総線、成田線、大船—平塚間、大船—久里浜（横須賀）間はこの新線の支線になるのである。そしてこれを通勤用に使うのである。

ここで大事なのは、この新線の電車は現在の横須賀線型（ブルーとクリーム色）に統一されることである。総武線快速が既に横須賀線型電車を使っていることは御存知の方も多いと思う。小田原以東始発東京行きの湘南電車（オレンジとグリーン色）はやがて横須賀線型に塗り替えられるのである。

国鉄が大々的に宣伝している東京—大船間の横須賀線型電車と湘南型電車の分離運転はそれ自体間違いではない。しかしその裏には現在ラッシュ時間帯に走っているオレンジとグリーン色の湘南電車の大部分がブルーとクリーム色の横須賀線型電車に塗り替えられるという事実があるのである。

すでにお分かりいただいたと思うが、要するに横須賀線と通勤用湘南電車を新線に移し、現在の東海道線を空けようとするのである。では空いた線路はどのように使われるのか。国鉄の事業計画書によれば次のようになる。「東海道本線は、我が国鉄道のうち、最も重要な幹線の一つであることから、関西、中国、九州方面との長距離列車も運転されているが、朝夕のラッシュ時には、これらの長距離列車は、ほとんど運転することができず、幹線としての機能も阻害され」ているというわけである。くだいていえば、九州からの寝台特急、伊豆方面からの特急、急行を東京のビジネスアワーに合わせて運転したいということに他ならない。だからこそ、東京地下駅をはじめとして新線のホームは在来線から独立して使うように（独立してしか使えないように）設計されているのである。

以上で今回の計画が通勤ラッシュ緩和のためではなく、通勤線と中長距離優等列車線の分離であることが明白である。それを利用客の既成概念を悪用して、あたかも横須賀線と通勤用湘南電車の分離運転であるかのように宣伝するのはきわめて悪質なペテンというしかない。

しかも前に触れたように、この通勤新線は現在の貨物専用線をそのまま転用するため、神奈川県下で第二位の乗降客数をもつ川崎駅を迂回してしまい、止まらなくなってしまうのである。開いた口がふさがらないというしかない。

これが旅客輸送のサイドから見た計画の素顔である。これを貨物輸送の観点から見るとさらに実態が明らかになる。

貨物輸送体系優先の発想

貨物専用線が小田原まで延長されることは前に触れた通りである。そしてこれと併行して既存の各駅に併設されていた貨物駅は全廃され、新たに羽沢、湘南、相模、西湘の独立した四貨物駅が新設され、これに統合される。これによって「高速輸送体系の整備、コンテナー輸送の強化、パレットによる一貫輸送の活用、物資別適合輸送体系の整備が行われ、これらにより、輸送時間の短縮、荷造包装の簡素化及び荷役の近代化による流通経費の節減は飛躍的に図られる」(国鉄の前出申請書)ということになる。先に見た通勤ラッシュの「緩和策」とは比較にならぬ貨物輸送体系の抜本的近代化である。

横浜新貨物線計画がこの貨物輸送体系の抜本的近代化のみを目的として立案されたことは、関連工事を見れば一目瞭然である。即ち、横浜新貨物線の終点である新鶴見操車場からは府中、所沢、南浦和、新松戸、西船橋と東京の外側をぐるりと回る貨物専用線、武蔵野線が完成しているし、鶴見から川崎市塩浜まで新たに貨物専用線が作られ、さらに塩浜からは東京湾岸ぞいに羽田、大井、西船橋を経て木更津に至る貨物専用線、京葉線が工事中である。まさに首都圏における貨物輸送体系の全新設である。

横浜新貨物線が別線で新設されなければならない根拠はここにある。現在の貨物専用線をそのまま貨物に使い、新たに通勤新線を作るなどという発想は生まれる余地がそもそもないのである。国鉄の申請書が述べるように「貨物駅は、どこへ設置してもよいというものではなく、場所的特定性が強く、本線との取付けが容易で、広い面積の土地を必要とし、しかも市街地の中心を避けながら、できるだけ市街地に近く、かつ、主要道路との連絡が容易に行うことができ」なければならないのである。

かくして横浜駅の北約四キロ、第三京浜と新幹線（貨物輸送を予定していた）の交差点に六万坪の貨物駅用地を選定し、ここから既設の本線との最短距離を結んだものが横浜新貨物線の立地選定なのである。この結果、全長一三・七キロのうち約九割以上が国際港都建設法の住宅地（実際に建っているか否かは別として）という無謀な計画になったのである。

横浜駅周辺が過密化しているから線路の増設が不可能なのではなく、横浜駅周辺に六万坪の貨物駅用地の確保が不可能だから、その意味で貨物線が横浜駅を通ることはできないのである。やる気ならば、品川―東京地下駅―両国間のように地下新線を作ることは可能なのである。

さてこの首都圏貨物輸送体系の全新設にともなって、既存の貨物輸送施設は廃物になってくる。この廃物をたまたま客用に使うに過ぎないのである。しかもそれすら通勤用の拡大という形ではなく、収益性の高い中長距離優等列車専用線の確保が実態である。

まだまだ論ずべき点は多いが、これが一応横浜新貨物線とその「公共性」の全体像である。

横浜新貨物線の計画が伝わった四一年八月から九月にかけての地元住民の反応はおおむね次の二つであった。一つは貨物専用線をなんでこんな住宅地に通すのかということであり、もう一つはこういう無謀な計画が住民のまったく知らないところで立案決定され押付けられるのはけしからんというものであった。

この二つは前者が前述のような計画そのもの及び立地選定、公害対策等の計画批判へと発展し、後者が主として横浜市の対応の過程で住民自治論へと発展し、四九年一二月には横浜市政から訣別し、分離・独立して独自の自治体を構想するに至っている。

「公害対策路線」への矮小化

横浜新貨物線について横浜市は当初から計画を認め、いわば「公害対策路線」で対応したといってもよい。正確にいえば最初は「公害対策路線」すら存在しなかったといえる。昭和四一年八月の飛鳥田市長の国鉄総裁への文書は横浜新貨物線の計画決定は「喜びにたえない」という前文とともに五項目の要望を行なっているが、それは市有地の適正価格での買上げ等市の事業との調整のみであって、関係住民の意志の尊重はおろか公害対策のコの字にも触れていないものであった。

その後四一年九月にわれらが反対運動が発足し、市長との会見も持ったが、飛鳥田市長は公害を科学的に調査したらどうかといい、問題を公害の多い少ないに矮小化する基本的な態度を明らかにしたのである。

翌四二年六月、反対運動が全線に拡大すると飛鳥田市長は横浜市が独自に公害の調査を行ない、その結果によって判断すると市議会で答弁し、事実八月から当時の公害センターが振動、騒音の調査をはじめた。

これに対してわれわれは、それは「公害すりかえ論」であるとして強く批判した。われらが最大の問題は、静かな住宅地のド真中をなんで貨物専用線を通すのかということであり、こんなひどい計画が関係住民を排除して決定されたのはおかしいということである。

勿論公害問題もある。深夜がピークになる貨物専用線が住宅地を貫通して影響がないことなどありえないのは明白である。いまさら調査もへったくれもないもんだというのが素直な感想にほかならない。つまり住民はなぜここを通すのかという形で計画そのものを問題にし、計画決定における住民無視そのものを問題にしているのに、横浜市の対応はそれらをほおかぶりし、公害の多い少ないだけに解消してしまうのである。典型的な「公害対策路線」である。

これは横浜新貨物線に対するだけのものではない。有名な「横浜方式」といわれる「公害対策路線」に共通する基本的態度である。企業や公共事業の、計画や立地選定、その過程での住民無視をそれこそ「無視」して、もっぱら「公害防止協定」づくりに奔走するのである。しかもこの「公害防止協定」たるや、技術的に起業者が出来る範囲内のものしか要求しないから、そもそも住民の生命健康を守るための規制値などという観点は存在しえないのである。日本鋼管扇島移転問題では、亜硫酸ガスの着地濃度を〇・〇一二ppmにすることが技術的に可能だと横浜市は主張し、日本鋼管は〇・〇一五ppmが限界だと主張した。両者は派手な大論戦を行ない、横浜市は膨大な予算を使って実験を行ない、〇・〇一二ppmが技術的に可能だとしたのである。茶番劇というしかない。亜硫酸ガスの着地濃度がいくらなら住民の生命健康にまったく影響がないのかという発想は土台存在しない。これが「横浜方式」の実体である。そしてこの「公害対策路線」のバックアップとしてお手盛市民運動が登場する。日本鋼管の場合でいえば「京浜に青空を取り戻す会」なるものが社会党の落選前代議士を事務局長として盛んにデモンストレーションを行なうが、「公害防止協定」の一件落着とともに活動を停止することになる。「市民参加」「横浜方式」である。

「横浜方式」「公害対策路線」の問題点の第一は「公害対策」にいっさいの問題を集中・解消させることによって、計画や立地についての住民の批判を切り捨てていくことである。少なくとも結果的にはそうした批判を封じ込めてしまうことになる。

第二にその「公害対策」の独善性・住民無視がある。横浜新貨物線の場合には、公害は騒音、振動だけと勝手に決めつけ、調査地点の選定、調査の方法等については住民に相談すらせず、一方的に決定し進めていくのである。そしてその上で「科学的」基準なるものを設定していくのである。この基準が技術的に可能な範囲を目指していることは既に述べた通りである。

第三にこれと関連して「横浜方式」「公害対策」の内容が加害者救済になっている点をあげなければならない。責任ある行政として可能な要求でなければ意味はないということで、どんなに厳しく見えようとも企業の出来ることとしか要求しないのであるから、そして住民の生命健康を守るにはという観点がないのであるから、かかる「公害対策」が加害者救済になるのはわかりきった話である。この典型が緩衝地帯論である。再び貨物線を例にとれば、高架地区で線路の両側二〇メートルを無人化して緩衝地帯とすることで「公害対策」とするのである。

本末転倒もきわまれりというしかない。公害発生源の新設や居すわりを認めておいて、そしてその公害が人間の生活を破壊することを認めた上で（認めなければ緩衝地帯などという発想は生まれてこない）、つまり加害者をそのままにしておいて被害者の強制疎開によって事態を「処理」するのである。かつて足尾鉱毒事件において、谷中村を廃村にし、軍隊を使って住民を追い出し、巨大な沈澱池にして問題を「処理」したのとまったく同じである。この加害者救済を「公害対策」として被害者救済であるかのように麗々しく打ち出されてはたまったものではない。

要するに「横浜方式」「公害対策」は被害をうける人間の生活権生存権の主張に直接的に依拠する発想がまったく無いという意味で、人間不在であると同時に人間否定なのである。

貨物線の場合の「公害対策」はさらにひどく、一見厳しい数値をあげ、それを「目標値とされたい」「設置されたい」と表現することで規制そのものすら行なおうとする意志がないのである。

行政による運動の抑圧

さてこの「横浜方式」「公害対策路線」は住民運動になにをもたらすか。まず第一に運動全体を「公害対策路線」、つまり計画や立地、決定までの過程における住民排除等の問題に目をつぶる「条件闘争」へのおすすめが手を変え品を変え、しつように行なわれる。このままでは国鉄は公害対策もたてないで貨物線を通してしまう、せめて公害対策をやらせることが責任ある立場だといったいいまわしである。ちょっと聞くともっともらしいようだが、住民自身の力に依拠する姿勢がまったくない。あるのはたかだか国鉄との間の紛争のフィクサーでしかない。

第二にこの手が失敗すると、「第二組合作り」がはじまる。貨物線の場合は、四四年の市長見解の発表に先だって、市長側近や社会党市議などが全線にわたって切崩しに走りまわり、保土ヶ谷区上星川を中心に「公害対策路線」の「第二組織」をデッチ上げるのである。金沢地先埋立ての時には、埋立てそのものに反対する住民運動に対して、区役所の職員が町内会長らの署名を集めて賛成運動を構成するのである。そしてこの自らつくりだした動きに依拠しつつ、新貨物線は二六〇万市民のために必要といった態度を表明していくわけである。

従って第三に指摘しなければならないのは、「公害対策路線」からはみでる住民運動に対する起業者と市の連合軍による徹底的な弾圧である。起業者からいわせれば、「公害防止協定」を結んで進出するのであるから、計画や立地や住民無視を問題にする運動など相手にせずということになるし、横浜市側としても進出を前提としての「公害防止協定」であるから、起業者への行政上の責任として、運動を処分してつぶしてしまわなければならないのである。

四七年三月、国鉄は「反対同盟は解体したものとみなす」という公文書をつきつけて問答無用、むきだしの暴力でわれらに襲いかかっているし、横浜市は四九年一一月、当事者が拒否した強制収用の書類に代理署名して文字通り住民を国鉄に売り渡したのを仕上げとして、土地収用法の適用に全面的な協力を惜しまなかったのである。

「市民（住民）参加路線」の矛盾

横浜市もまた（何も横浜市だけに限ったわけではないが）二六〇万市民全体の立場に、つまり全体主義の立場にたって「公共性」を完全独占し、お上として住民の上に君臨しているのは間違いない事実である。

もっとも、われらが運動を含めて「公害対策路線」を批判し、市政の本質が住民無視であることを叫ぶ運動が拡大するにともなって、新しい住民対策の開発の必要性は痛感しているらしい。そこでこの二、三年急ピッチで展開されているのが「市民（住民）参加路線」であって、これで住民無視論をカバーしようというねらいである。

この路線はまだ行政側の論理として定着はしていないようだが、大筋からみてこれ以外に行政を生きのびさせることは不可能であろう。いま行政にとっての最大の問題は大規模な住民対策の展開であって、議会対策など小さい小さいである。

まだ完全に出揃ったわけではないが、「市民（住民）参加路線」の大ざっぱな傾向は二つあるように思われる。一つは原子力関係、道路、鉄道等の住民の抵抗が強くてスムーズな建設が出来ないものについて、安全性や公害問題に限って住民の参加を制度化しようとする方向である。もう一つは全体的な市政一般について、一般的な市民参加を制度化しようとするものである。

前者は建設が難行しているところから考えだされたもので、いかに住民の頭をうまくなでるかにねらいがあることは自明である。計画の是非や立地の是非から切り離された安全性や公害論議などはまったく無意味であり、この方向の破産はすでにみえているというべきである。

その点曲者なのは後者であって、建前の美しさは厳重なる警戒を要する。行政の立場に立って常に二六〇万市民全体を考える抽象的な「期待される市民像」が作りあげられる意図は、横浜市の「明日の横浜を語る区民の集い」（四八年）に関する限り既に明瞭である。大規模に市民を動員しまきこむことによって行政を補強し、皆さん方の代表も参加された計画ですからという形で住民の抵抗を事前事後を問わず弾圧していくことになるのはほぼ確実ですらある。現在トラブルのある諸計画について、この方式で計画の方を変更しようとするケースがないことはその傍証になろう（もっとも当たりさわりのないものについては計画の方を変えるというポーズがとられる可能性はある。）。

行政が住民の生活を守ることが出来ないという事実はもはやいかなる「路線」をとろうともカバーしきれなくなっている。「市民（住民）参加路線」は行政のいわば最後の延命策であり、戦前の「総動員体制」の現代版である。

われらが公共性

さて、われらはどうするか。われらの生命と生活をわれら自身の手で守り通していかなければならない羽目に陥っていることだけは確かなようである。では、それはいかにして可能であるか。方程式はない。しかし横浜新貨物線反対運動一つをとってみても、満一〇年の歴史を有しており、ジグザグながら一定の軌跡をもっているとはいえよう。内容のよしあしは別としても、それらを論理化し、来るべきわれらが社会の基本を構想しておくことは、とりあえず個人的作業として必要であろうと考える。

住民運動の原点

住民運動、特に「公共事業」に反対する住民運動が必ず掲げるスローガンに住民不在、住民無視の××計画反対というのがある。もちろんこれとともに計画がいかに住民の生活を破壊するかを具体化したスローガンが並ぶ。

この二つが住民運動の原点であり、この二つを基礎としてのみ住民運動の論理は成立する。

まず××計画が〇〇地区に立案されたことに対する具体的な反対のスローガンは原則としてそこに

住んでいない人間にはよく分からないものである。静かな住宅地を破壊する貨物線反対！などといったところでいかにも抽象的かつ一般的で、とてもわれらが実感しているごとくには分かってもらえないだろうことはよく分かる。

しかし、そこに住んでいない人間に分からない、分かってもらえないという点がむしろ肝心なのであって、問題はそこに住んでいる人間にしか分からぬものだし、それが物事の素直な在り方であり、認識の基本なのである。

もう一つの住民不在、住民無視反対というスローガンは、問題が分かるあるいは分かっている唯一の人間であるそこに住んでいる人間とその生活を直接的かつ具体的に無視していることに対する怒りである。

住民運動の原点が主張しているのは、地域の問題を一番よく知っているのはそこに住んでいる人間であり、地域の主人公はそこに住んでいる人間であるということである。住民運動の論理は住民自治であるとよく言われるが、まさにその通りである。

また住民運動が住民運動と呼ばれ、かつそのような実態で存在していることも重要である。辻堂南部の環境を守る会の安藤元雄氏がわれらが運動を切り崩し弾圧する飛鳥田横浜市長を評して「市民運動の飛鳥田が住民運動を弾圧するのは理の当然だ」と述べたことがあるが、これは至言である。市民という言葉には地域性が感じられないし、生活の影も薄いようである。日々の仕事と生活に追われるものにとっては、市民や市民運動という言葉は肌合いが違うというしかない。われらは特定の地域に住みかつ生活している住民である。

地域といい住民運動といいそれがそれとして認識されてきたのはごく最近、ここ一〇年位のものであろう。地域は中央―地方の中央上位主義における下位体系であったし、明治一〇年の秩父事件のように秩父郡一帯の独立をめざしたものや砂川闘争のように、今からみればレッキとした住民運動が中央志向型の政治運動としてとらえられてきた。何故そうであったのかは分からない。しかし住みかつ生活している場こそわれらにとって最も重要であり、これを土台としない価値は認められないのである。「公共性」との闘いはここにはじまる。

「私《わたし》」から「公」へ

一つのやり方は行政の主張する「公共性」に真正面から対決せず（何せこの耳ざわりのいい口車に対抗するのは面倒くさいから）、いかに「公共性」があっても個人の生命、健康、財産、環境を無視していいことにはならないという主張をぶつけることである。一人の人間の命は地球よりも重いという言葉もあるではないか。

最近の大阪空港裁判の判決などはこの考え方に立っているように思われる。「公」と「私」の接点をどこに求め、どこで調整するかという観点である。一つの戦術としてのこのやり方を私は否定しない。むしろかなり有効ですらある。しかし、考え方としては「公」と「私」を分離し、「私」を強調していくというのは限界があるように思われる。「公」が「公」として成り立つためには、その構成部分に「私《わたし》」も含まれていなければならないからだ。いっさいの「私」を無視したところに成り立つ「公共性」というのは形容矛盾である。「公共性」がみんなのためという建前をもつ以上、みんなの中には「私《わたし》」もいなければ訳がわからなくなる。「公」と「私」の分裂と対立はおかしいのだ。

たしかに現実には「公」と「私」とは分裂し対立している。このことはしかし、現在の「公」と「私」の存在形態が間違っていることの証明にこそなれ、現状が正しいということには決してならない。

人間がオギャーと生まれたあと、一人だけでは生きていけないという事実、仮に親でなくても誰かに育てられなければ、乳の飲み方一つ覚えられない事実はすべてを示している。古くから言われているように、人間は人の間と書く。あるいは人間は社会的動物だともいう。「私」は純粋培養された個人として存在するのではなく、「私」の存在そのものの中に「公」はすでに存在しているのである。

アルジェリアのフランツ・ファノンを引用すれば「自己意識はコミュニケーションを閉ざす鎧戸ではない。哲学的考察は、逆に自己意識がコミュニケーションの保証であることを教えている。民族主義《ナショナリズム》ならぬ民族意識は、われわれにインターナショナルな広がりを与える唯一のものだ。」(「地に呪われたる者」、みすず書房刊)ということになる。民族を地域と読み変えれば、地域住民運動の普遍性は明らかである。

社会とは私とあなたの関係であり、公共性の原点もまたここにある。向こう三軒両隣りが公共性に他ならない。お互いの間に発生する問題をお互いさまといえる範囲で解決していく、あるいは本来個または各世帯が単独に解決すべき問題をグループで解決していくのが公共性のすべてである。

このことは「私」の自発性に基づかない「公共性」は存在せず、仮に存在するかに見えてもそれは実態をなさないといいかえてもよいであろう。「ひとつの橋の建設がもしそこに働く人びとの意識を豊かにしないものならば、橋は建設されぬがよい、市民は従前どおり、泳ぐか渡し船に乗るかして、川を渡っていればよい。」という同じフランツ・ファノンの「橋をわがものにする思想」は公共性のあり方を端的に表現している。公共性が明白な橋であるからこそ、この言葉は生きてくるのである。

あらたな＜公共性＞のイメージ

こうした観点に立つと（別に意識的に立つわけではなく、自然にそうなってしまうのだが）、大ざっぱに二つの課題が浮かび上がってくる。一つは現代日本の諸々の建前、「公共性」はいうに及ばず代表民主主義、多数決原理、法治主義、政党、政策、三権分立、行政、司法、立法、税金等々を解体し、われらが手にとりもどすとともにわれらがイメージをつくりあげていく作業である。もう一つはこれらの具体化を含む、ファノン流にいえば「民族の建設」つまり地域の建設である。

そしてこの二つは地域住民運動の内部で目的意識的ではないにせよ（つまりわれらが生活を守る知恵として）着実に物質化されつつあるというのが私のひそかな仮説である。

横浜市民二六〇万人の中では、われらが仮に一〇万人を組織したとしても、圧倒的少数には違いない。横浜市が二六〇万市民のためと称してわれらが抹殺を行なってくるのに反抗しつつ、われらが内部で運動全体のために個人を犠牲にするようなことがあれば自殺行為である。

またわれらが代表である横浜市議会がわれらの請願を否決しているのにもかかわらず運動をつづけているならば、彼ら流の代表制をわれらがとるわけにもいかずということになる。

そして市長専決事項などといって勝手に意思決定したことに怒っている以上、われらが内部で誰かに意思決定をまかせるなどとはとんでもない話しである。

これらも明瞭に意識されているわけではない。ただこれらの建前によってわれらは攻撃されており、この実感のいわば裏がえしとしてなんとなくそういうことになるのである。そんなことやったら国鉄や横浜市と同じ手口になっちゃうじゃないの、というわけである。

かくしてわれらが会議は定足数も資格もへったくれもなく、要するに出たい奴の会議になり、多数決ではなく、かといって満場一致でもなく、まとまったりまとまらなかったりである。意思決定は会議で行ない、特定の個人にはまかせない。誰かにまかせる場合は、この件については誰々に一任という意思決定をいちいち行なうという有様である。

そんな無政府的なことでうまくいくのか、あるいは常にうまくいくのかという声はあろう。われらが場合でも、一〇年間運動が続いてきたという意味ではうまくいってきたともいえるし、局面の展開に即応して一糸乱れぬ統制の下に運動を展開するという意味ではうまくなかったともいえよう。しかしまとまらぬものを無理にまとめようとする瞬間から何かがおかしくなるというのが私の実感である。ここでもフランツ・ファノンはいいことを言っている。「われわれが停滞するのも大衆の責任であり、前進するのも大衆の責任であることを、造物主は存在せぬことを、すべてに責を負うべき知名の士は存在せぬことを、そうではなく造物主は民衆であり、魔法の手とはすなわち民衆の手にほかならぬ」（前掲書）。

横浜市からの分離・独立

もう一つの地域の建設について。地域住民運動が少なくとも特定の問題について、地域の主人公はそこに住む人間であることを主張していることは自明である。この意味で住民運動は地域の建設運動である。ただ特定の問題についてだというに過ぎない。貨物線反対とか、発電所反対とか問題は単純だが、運動の内容はきわめて豊かである。さまざまな個性と地域の特性を守り生かそうという知恵があふれている。

われらが運動は四九年暮、強制収用のための書類に、本人に代わって飛鳥田市長が代理署名したことをきっかけに、横浜市から分離・独立し、われらが街を作ることを打ち出した。(注) いわばトータルな地域の建設である。もっともこれもご大層なものというより、経過が示すように貨物線反対運動に勝つためのものである。しかし内容的にはわれらが運動はトータルな地域の建設という運動の必然的副産物を生んでおり、街の運営に基本的な不安はない。

既存の建前を解体し、地域の建設の中にわれらが手でそれらを再構成していく作業は容易ではない。それは既存の「革命」とはまったく質の異なる一種の革命ですらあろう。気の遠くなるような話だが、ただ一つの救いは、「革命」家気どりがまったく不要どころか有害であり、ひたすらわれらが生活と環境を、ふりかかる火の粉から守り、われらが存在を無視し圧殺する者と闘いさえすればよい点である。「主権在民」とか「基本的人権」とかは憲法にそう書いてあるから大事なのではなく、われらがわれらの存在と生活を自らの手で守らなければならなくなったときに、「主権在民」や「基本的人権」をしっかりとわれらが手に奪いとらなければ実はどうにもならぬという意味で大事なのである。

（注）この点に関してはくわしくは「環境破壊」（一九七五年一二月号、公害問題研究会）二〇頁の「横浜市から分離独立して『私たちの町』を作ろう！」を参照。

3 運動のなかの〝私〟
―公害闘争で明らかにされた個の認識―

芦川照江

入江の耳

入江は一つの耳であるから
深みに遊ぶ魚のさざめきもとらえ
遠く出ていった舟の呼声も聞くことが出来たのだった
耳たぼの美しいお前に魅かれ
潮は青くとろんでいた
茜はほんのりとお前を見染め
お前の耳の中でいつでもいんいんと夕べの鐘が鳴っていた

入江よ
しかし贄はあげられた
背曲りのはまちの尾からしたたる雫は
汚染の地図を描き拡げ
真珠筏は珠を宿さなくなって久しい
追れた女のように家なく漂うさびしい筏を
旅のうみねこが泊りとした
その
虚ぞらと懸ける喪の華は入江の村を昏くさせ
お前の耳を聾するのは
負《ふ》のわめき出す声
魔の告知
入江の魚の黒い受胎だ

入江よ
お前のすべてをかたむけて
うみねこの声をきかねばならぬ
旅の口寄せの怖ろしい話を聞かねばならぬ

はじめに

自分たちが始めてしまったことが「住民運動」と呼ばれているものであることさえ知らず、無我夢中の行動の中で、私たちが得た収穫は随分大きなものだった。することなすこと、「ああ、そうか」「ああ、そうか」と覚えること、納得することの連続で、いつも心は充実し、ほんとうに「生きる」ってこういうことなんだな、と思ったことだった。

平和を維持するということは、このようににちにちの問題を積極的に闘い取ることなのか、とも思い、毎日毎日一生懸命生きてきてよかった、と一夜にして集まることの出来た仲間たちを眺め、そしてまた自分たちの無知を、世の中の裏側を、それが現実であるところの姿を知り、いかに自分達が何事も知らず、また知らぬことの怖ろしさと罪深さとを識ったことだろう。

東電富士川火力建設阻止の運動から、田子の浦問題、日軽金蒲原工場のアルミ公害との闘い、というように、一つの運動が次の展開を生み、やがて他の運動体につながってゆく。まったくの無知から出発して、思いもかけぬ人びとに出会い、ついぞ考えてみたこともない結び目の中に、新しい世界が出来上がっていってしまう。住民運動がもつこの不思議な創造性。名もなき人びとから人びとへ仲間を求め、師をさぐって、いつしか必要な体制を創りあげてゆく。

このような住民運動の不思議と魅力を語り出せばきりがない。古い時代の、家という柵《しがらみ》の内側で育てられ、戦争を経験し、どうやら自分なりの人生を創りあげようと生きてきた私の出会った公害問題、そしてそれを追放しようとする住民運動。その中に展開され、究められていったものは、この世のすべて、私の人生の過去、未来のすべての意味を問うようなものだった。しかもその運動は、単なる団体行動とは違っていた。生命が満ち満ちていた。その原因はなんだろう。個が生き生きと活かされていたことではないか。

住民運動では、初めに抵抗しようとする個人があって、それぞれの条件の中で独自な仲間づくりを展開しながら闘い進む。この私製の集団というか、いわゆる名もなき住民たちの発意が編み出した闘いの形は、すでに出来上がって久しい政党や組合という体制が、まさに体制化し、制度化したが故に忘れ去った初心の部分を運動の生命とし、それを活かすための形を、それぞれユニークに創造的に展開している運動といってよいであろう。

住民運動において出会う個の問題は、今まで知識の上で知っていた人間の歴史における近代の問題、即ちエゴの問題が、まざまざと今、私たち日本の庶民の上を通過しつつある、という実感だった。それは住民運動という形で市井の個の中に目覚め、意識するとしないにかかわらず人びとの努力によってかちとられてゆく。

「公共性」と「エゴ」

公害問題で住民運動が起こると、それをねじ伏せようとして、企業や自治体側が持ちだす切札は、いつも「公共性」という言葉である。「貴方の地域にとっては困るかもしれないが、公共性のためにはがまんしてほしい。」とか、「発電所は公共的な事業だから、」という言葉に対して、私たちはいつも困らされてきた。そして、それが「決して公共性のあることではない。」ということをのみ証明しようとして、あれこれの資料をあげては反論するのだったが、心の中では、「エゴは悪いのではないか。公共性のあることに対しては自分たちはがまんしなくてはならないのではないか。」という考えにとりつかれるのだった。

私たちの日常生活には、多数決で物事を決める場合が多いし、大勢の意見の前では、少数の者はがまんするのが当然だ、というような考え方が習慣的になっている。しかもたいていのことは大きなものに巻かれる方法で、個人の生活の小さな平安を保っていることが多いために、物事をはっきり主張すること自体に勇気がいることだった。

そのような時のただ一つの救いは、公害問題が健康に関することだったから、私は自分が子供の健康をおびやかされることに恐怖を感じて運動に踏み切った最初の、つまり運動の初心ともいうべきものを思い出しては、矢張りなんとかしてここを突破しなくてはならないと、自分の心をはげまして乗いた。

り切ったものだった。本当のところ、私の決意が悪いといって罰を受けようと、よしんば殺されようと、私は子供の生命に関する限りは、もう二度と再び、子供の病気に立ち合うのはいやだ、と思っていた。

実のところ、二度と再びどころではなく、私は終戦後の困難なくらしの中で子供を三人も亡くしていた。私は子供の死についてあれこれ考えるたびに、子供の死というものにしわ寄せられてきた自分の人生、自分の生き方のいっさいが省みられ、そのことの中で改めて自分を見直し、さらに自分を取り巻く社会や、社会の歴史、とくに家というものの中での女の生き方から、考え方、と際限もなく問題は広がって、結局それが「私の大学」になったのだった。

そして女が赤子をかかえてこの不安な世の中を生きるためには、「現実の条件を一つ一つ闘いとる以外にはない。」という行動への信条によって自分を勇気づけて生きてきた。このことが、はからずも、決断をせまられて火力闘争にふみきらせていたのだった。

火力問題が起こった時、子供は高校生と中学生だった。下の男の子は、体質が弱かったのか、幼い時、小児喘息で苦しんだものだった。喘息の発作は深夜に起こることが多い。その時の恐怖心は、前に三人亡くしているだけにとてもたまらないものだった。富士川町の町ぐるみの火力反対運動が挫折した、ときいた時、大きな恐怖を感じたのも、ガスを防ぐための闘い手としての町の力がなくなったなら、私の子供はどうなるのだ、と今にも子供の喘息が起きそうな怖ろしさとして感じられたからだった。そして、その恐怖の時を座して待つより、なにかしよう、自分に出来ることがあるなら、たった一人でも始めるのだ、と決心したのが発端であった。

私は「公共性」をいわれ、また「地域エゴ」といわれて、言葉の魔術にかかってしまう時、自分のこの小さな決意を思い起こし、撲られようが、殺されようが、頑張ろうとするこの意志のことを、「エゴ」と誹《そし》るのだな、と具体的に置き直して考えることで胆が坐るとでもいうのか、落着きを取り戻すのだった。この頃ではどこでも「地域エゴ」と言われると住民運動の人びとは、「エゴで結構」とみな落着き払って居据っている。その人びとにも、おそらくここに至るまでの、それぞれの人生の、内容の押しつまった重味によって「エゴといわば言え、私は意志を曲げない。」という決意を持っているのに違いない。

権力が、公共性という切札をもって押しつけてくる場合の大方は、ほとんど公共性などではなく、一部権力者や大企業のための場合が圧倒的に多いのであるが、たとえそうでないとしても個々の人権は保障されなければならないし、ただ一人の個人のためにも、それを守るための方法を考えなくてよいということにはならないのである。

個の強さ

個の問題は、また単なる数としての大か小かの一単位としてかたづけられるものではなく、いわば個の質としても問われなければならない。そのことを改めて考えさせてくれたのも運動の中においてである。

個の強さ、ということでこんなふうに感ずることがあった。

東電富士川火力阻止の時、私たちはたびたび機動隊とぶっつかることがあった。ある時などは、機動隊員の多くは若者で、私の子供とあまり違わない童顔をヘルメットの下に緊張させていた。私は彼等に対峙しながらも、少年たちに一種の哀憐を感ぜずにはいられなかった。私ももちろん、社会的身分もなければ、腕力もないただの主婦だったが、彼等も県警の機動隊員という、かりそめの序列をぬかせば、私よりはさらによりどころのないか細い年若な人間だった。私は人間を、その裸と、裸の中にたたえられている精神の価値以外にはあまり権威を感じない習慣だったので——どういうわけでそうなったかについては、後でふれたい——自分のこの一種の権威から解放されている心を、一つの力として感ずることがたびたびあった。

もちろん社会のことも余り知らない主婦だったので、その頃の毎日は、新しい体験の連続ではあったが、私がいじけないでいられたのも、子を生み亡くす、というどん底を経験し、自分の無力を、しかも、それ以外に頼るべきもののないことを知りつくした裸一貫としての落着きではなかったかと思う。そのような自分をふまえ、その中での生き方を、曲がりなりにも積み上げてきたこれ以上どこへも行きようのない自己を、わが掌の中に握っているということが、こんなふうな力になるのかと思うのだった。

その頃私はもちろん、個の強さなどで運動がどうなるものでもない、と思っていた。周囲にいた読書会のお母さんたちや、昔からの友人や、幸い戦後、私たちの町の中でささやかな文化活動をしてきたことで知っていたいくつかのグループなどに呼びかけて、ほとんど一夜にして一つの運動体を作ることに成功したことなどで、むしろ地域づくりとか、仲間づくりの思いがけない効果とか、田舎の一種の共同体的体質の強さなどに感激することの方が大きかった。

そして、たしかに、都会の個人主義とは対極にあるための成功のように感じられた。しかし運動の経過の中で、仲間である農協青年部の若者たちが、個人としてはまことに慎しみ深く、自分たちの内部の問題を語らぬばかりでなく、なんとなくチームの統制のためなのか外部の力を受け入れようとせず、心の中になんらかの抑制を持っているように感じられることから、彼らが農協青年部というセクトを守るための約束ごとが、一つの掟となってしまって、個人を縛っているのではないかと、その閉鎖性に気づいた。そしてそれはやはり個人主義以前の農村社会の封建制の名残りであろうかと考えた。

彼等の多くは集団的に生きることに疑問を持たず、個の考えを持つものはむしろ異端として浮き上がるようなところがあった。私はそのことが運動の中で試めされずにすむかどうか心配だった。

女である私が、責任者のような役割を引き受けたり、彼等が孤立して富士市の老獪な政治家たちと対決することのないように配慮したり、彼らの若さが相手の挑発にのることのないように考慮することが、このどこか未熟な若者の個をまもる私の役目だった。

その頃住民運動は都会になかなか起こらず、やや封建制の残る地域の共同体がかえって既存の強力な体制を利用して根強い力を発揮することで、安直にむらとか共同体意識への礼賛に結びつける考えの人もあるが、それはやはり傍観者の郷愁のようなものだと私は思っている。青年達の閉鎖性は幾分前時代的なものの名残りであるとはいえ、むら的な性格の共同体から、或る種の権力に逆って行動を起こすこと自体は、日常からの脱出であり、すでに昨日の縛られた序列からの創造的な跳躍である。青年部そのものの中で、まだ個人は幾分閉鎖的であったとしても。

そしてその抑圧されていたエネルギーの噴出がなにかを成功させているのだった。この場合、勝利の原動力は閉鎖性ではなく、地域の呪縛を解いてとび出すその時、はからずも日頃の統制、団結の力が運動を迅速に進める力となったということではなかろうか。むしろ解き放たれた個の躍動する姿ではなかったか。

私における個

この青年達の個の初々しさにくらべれば、私の個は、はるかに絶望や迷いや、或いは放浪的なエゴの荒野を知っているものである。もともと農業者のような共同体を持たず、個はさびしく放置されていた。

さきに、私は自分が、自分を握っている、とえらそうに言い切ったが、それは個の孤立、或いはエゴそのものの魔性の正体を或る程度知ったのちに確立されている個である、という意味においてである。

しかし、その頃、私は、このような個が、運動にとって大切なものかどうかわからなかった。むしろ、私は一つの運動を何十人かが心を一つにして闘うという夢のような事態に酔っていたのかもしれない。それは私たち現代の人間が諦めの果てに忘れ去ってしまっていた人間性の故郷ともいうなつかしいおもいだったからである。

私は戦後の地域活動やPTA活動などに熱中してきたが、すべての人びとが必ずしも私と同じように社会的な生き方に共鳴してくれるわけではなかった。人びとはもっともっと自由に、小市民の生活を娯しみ、民主主義とか、社会主義とかいう考え方をうとましく感ずる市民の自由の中へのがれたがっていたかもしれない。

そういう人びとの素振りを感ずることは、とても寂しいことだった。こうした気持で自分の持っているものを独りの心に育てたり、深めたりするうちに、私も地域の生活からぬけ出て、自分のための仲間を求めたり、詩や小説を自分だけのエゴのために書くようになった。

地域の運命や地域の女の運命を自分のこととして担う生き方からさまよい出て、都会の、多分に利己的な個人主義の中で憩う一人の個、これでいいのか、と疑い、また、これでいいのだとうべなう。真実のところ、一人の個として自由にさまよい、他人のこと、地域のことを考えなくてよい、ということは、ひどく楽なことであった。私には、いずれ、このような生き方は、地域の自分の実人生から告発されることがあるだろう、とも思われ、また一方、自分の個を磨くほかになにがあるか、徹底して自分の個を磨くことにかけよ、とも思えるのだった。

東電富士川火力問題が起こった時、地域の運命が私をよび返すように思われたのも、戦後、一すじの糸のように自分の生き方の中に敗戦の責任をなんらかの形で担い続けねばならぬものとして感じ続けてきた戦中派の私にとっては、一種、来るべきもの、自分の赴かねばならぬもの、という受容のおもいがあったためかも知れない。

しかもその上、個のさすらいを通して、人間性をみつめる目を微力ながら身につけていたことは、やがて対決する世界で、相手の個をも、社会的地位などにとらわれることなく、一人の人間性として見る力となっていたという意味ではありがたいことだった。

このように、私は母性の心で、思わずやってきた公害問題に対して大それた決意をしたが、一方でそれをうべなうもう一人の私があったことを深く思う。その意味で、私は、自分の生き方を追究することの果てに住民運動にゆきついたことを大切に考えている。

労働組合の場合

さて個の問題は、このように自分たちの運動の中にいかにもたしかな問題として存在することが次第に認識されてきた。そしてさらに、思いがけない事態によって、即ち富士市民協という強力な運動体におこったつまずきから、いっそう、住民運動にとって重要な、ある本質的な問題であることが判然としてきたのだった。

富士川火力反対運動の主力は、なんといっても富士市民協という大きな組織だった。その大部分は富士地区労という、労働組合の集まりで、その頃すでに存在していた富士市内の小さな運動体を糾合して、この大きな反対運動の中心となって、富士川町の反対運動、富士宮市民協、由比港漁協などの運動体をまとめていた。

私は、自分たちの「富士川町いのちと生活を守る会」とこの「富士市民協」との違いについてたびたび気づく機会があったが、はじめは、個の問題は、一種の負《ふ》として私たち個人の内部に担われる問題であって、文学仲間かなにかでなければ語り合うべきことがらではない、と思っていた。連日、運動は実力行動を要求される事態であったので、それぞれの運動体の内部の事情、個人の事情、また運動の悩みを黙々と担い続けることで闘いは進められており、それが闘うということの厳しさであると思い、富士市民協での共闘会議ともいうべき会合の際、人びとの人間的労苦はいっさい話題にのぼることもなかったし、話題にする余裕もなかった。

やがて昭和四四年三月二九日の深夜議会阻止によって、事実上火力建設はストップされたが、このあと、高められた運動の成果という形で、富士市に革新市長が誕生し、やがて市民協幹部も市会議員となった。この市政に対して、住民運動側の期待は大きかったが、事態はまったく思わぬ方向に展開して、政治の魔性をあらわし、富士地区労という労働組合体質がさまざまな問題を提供することとなった。

革新市長の一種のブレーン的存在となった富士地区労は、市政を擁護しようとして、政治判断を優先し、公害追求の運動につまずくようになる。選挙自体の中にはらんでいた各種の要因から、市長は「一部住民のためよりも一七万市民のために」という、いいかえれば体のいい「公共性」をかかげて変身する。ブレーンとしての地区労は、去就に苦しむが、結局、いうところの政治判断に落ち着く。私たちは、これらの場合から、地区労的体質というものに改めて注目するようになる。

私たち一般住民が、自分の立場を人目にさらし、家族ぐるみ誹謗されることを代償として闘っている姿勢と根本的に違うその組織力。日当もある時には出るし、順番に交替も出来、人員確保も有利な組合組織。私たちが、明日の動員のために走りまわり、電話にすがり、説得を続け、懇願を続けて夜も寝ずに人員を確保して運動に出向くこととどんなにかけ離れた形がそこにあることだろう。個人的事情に対する細かな配慮の上になおかつ、社会的行為に向かって勇気ある出発をしてもらうための労力を、いっさい省いたところから、整然と運動を開始出来る組合的な統一力や組織力があってこそ、あの大きな運動をかち抜けたことはたしかであるが。

しかし、政治的判断の方に踏み切ってしまえるその考え方にまといついて、迷いを生ませるような私的な怨恨や、赤子や家族の喘息の息の根のようなものがなかったのか。富士川町の運動を一貫していたものは、みかん農業を滅ぼすガスへの怨念だし、富士市のガスに犯されようとするものの生の感情だったのだ。

労働組合が政党につながり、そのさまざまな経緯の中で存続していることについて、私はもちろんくわしく知るものではないが、大きく既存の政治体制につながり、そこに参加することでのみ事態を切りひらこうとする考え方は、公害を生みだした政治、文化のいっさいを問いただす運動とは逆方向に向かう思考ではなかったか。またそのような公害問題の本質が現わされてきたのも、これらのつまずきそのものが私たちに提示したものなのである。

公害拒否に対する執着

富士市民協の分裂、その原因の一つである労働組合体質の生んだあやまちについて広く日本の労働組合の場合、というように大きく注視し、問題の切開を将来の展望に向かってなしうるだけの見方が両者に出来なかったという残念さがある。

そこには、富士地区労が他のどの労働組合もなし得なかった程の善戦をし、それ故にこそ、いっそう明瞭に戦後の日本の政党と労働組合とのたどった姿の典型がある筈だった。そこには、公害問題というものが今日の文明、今日の社会に問いかける本質をもつが故に洗い出されてきた問題があった筈だ。そのような観点に立って、各々の中での新しい体質への探究がされていたのであるならば、必ず克服出来たに違いないと思われるだけに惜しい挫折である。

運動の中では、闘うわれわれ自身が新たな質的転換を要求されることが多い。むしろ、夢中で公害問題を追いかける中で、運動体の変革が行なわれ、そのことの中に公害問題のかかえる本質もわたしたちに見えてくる、というのが正直なところかもしれない。

富士市民協の体質がここを乗り切れなかった原因の一つは、繰り返すようではあるが、公害問題に対する個人的執着の欠如、やむにやまれぬ公害呪詛のおもい、というような個々の人間性の欠如であろう。そしてそのような個を切りすてることが正しいと思い込んでいる考え方である。

運動体のおそわれる危機ということからいえば、私たちの青年の上にもその時はきた。

火力阻止に成功した深夜議会のトラブル後、直ちに警察が介入して、私たちの町には刑事が一ぱいくり込んだ。自治体当局は権力に弱かったので、町ぐるみの運動を直ちに解散し、住民を置きざりにし、私たちの会から手を切った。いよいよ運動の本番がやってきたわけだった。私たちの農業青年も警察に呼び出され、手形、足形までとられるという不当な取調べを受ける。集団を組むことで自分たちの弱さをカバーしていた彼等も、ばらばらな個として、初めて事態の中にさらされる。試めされる時がきたのだ。集団として決意して始めたことを、一人一人の責任において問われるということになったわけである。

警察が闘いなれた富士市民協をねらわず、日ごろ警察という存在にまったく無縁な富士川町、蒲原町、由比町の住民の取調べに集中したことも、この個の弱さを見抜いての弾圧であったのである。しかし、青年たちが、ふるえながらもその孤立に耐え得たのは、彼等のすべてをかけていたみかん公害拒否に対する執着だったのである。

私たちは、一つの特定な地域に発生した運動体の特質を活かして闘い進むとはいえ、問題の大きさは闘い手にいろいろな能力を要求する。その困難さに打ち克つために、私たちは変貌せざるを得ない。この駆け足の変貌に耐えさせるのはただ一つ、かち取ることへの執着である。

たとえささやかな体験であっても、農業青年たちが、すべての行為の責任を個の心にひきつけて重く問うてみる機会に遭遇したことで彼らがのりこえたものは大きかった筈である。

試める個の質

公害問題が起こってきたことによって、人類における科学、とくに化学の運命に試錬の時がやってきたといえるように思う。物質を究明することのみに走って、化学を資本に仕えさせることには疑義をはさまなかった当然の成行きとして、化学現象そのものを公害としてはびこらせることになった。このことは、政党や、労働組合にとって異質の闘争問題であったことだろう。特に、政党のかけひきにからまれやすい労働組合の政治的判断とはかなり懸隔のあるこれらの化学物質の氾濫に対して、政党人であることや、労働組合員であることにとらわれては率直な判断が持ち得ない、という苦しい状況が頻発する。労働組合や政党のようにセクトを守らねばならぬ前提を持つ者にとって、公害闘争の道は次第にはばまれてくる。

しかもここに要求されてくる個人とは、その質的な意味において、単なる市井の個人というよりは、自分を、社会的身分の序列からも、現世のもろもろの体制からも――例えば国家や、地域などからも——自分を解体して究極的な意味で生物の一員という原点の自覚を持ちうる、というところまで、自分を剝ぎとることの出来る個でなければならない。

それほど公害問題の方から逆に洗い出されてくる文化や文明は——具体的にひきつけていえば社会のしくみや政治の体制いっさいの姿は——絶望的なあやまちの路線に立っているといえよう。

このように人類の在り方に対するある崩壊をさえうかがわせる公害問題の怖ろしさが、生きながらの地獄を体験する水俣の人びとを地獄の思想にまでみちびき、私たちに無常の思想をよびよせる。事はまさに政治的判断などという、いわば日常の便宜の問題とあまりに遠い本質ではないのか。

富士市民協が、地区労的思考に従順であればある程、その闘いが、どこかすれ違ってゆくのは当然だった。化学と人生とのかかわりともいうべき哲学的な本質をもつ公害問題の前に要求されてくる個の質が、深く豊かな人間性でなければならぬことを思うとき、私たちの目はおのずから私たちを養った筈の戦後民主主義にまで遡ってゆく。

敗戦によって、軍隊や隣組という集団から、政党活動や労働組合という集団活動に移行していった日本の民主化の過程で、なにか取り落とされてきたものがあったのであろうか。また公害問題をきっかけとして起こった住民運動が、一般の個人の中から生まれて、次第にその簇生をみるようになり、とにもかくにも、社会の動向にある種の刺激をあたえつつある現状をみると、このような市井の個の中に貯えられていた民主主義の精神と、戦後の革新を一身に担ってきたような政党や労働組合がかかげてきた民主主義との間になんらかの開きがあったのかもしれない、と思わざるを得ない。

戦後の民主化が、政党や組合という集団の場で教育されていったことと平行して、今まで地域社会の封建制の中で抑圧されていた個も、はじめて自らのエゴを高だかと掲げ、これを立派に育てることで自らの権威を確立することに向かって歩き出した。

富士川町でいえば、戦後の図書館を中心とした文化活動が、自主的なさまざまな文学や、演劇のサークルを生み、軍国主義から解放された個が、ようやく自分たちの内部の問題に移ってきたし、それにかかわりを持ちながら、自治体の社会教育活動そのものが充実していったことや、それらの背景の中で、農協青年部が生まれ、また農業青年そのものが、自主的な親睦会や研修会をもち、さらに地域にかかわって子供会の世話を引き受けたりしながらそれぞれの場で、真の民主化が行なわれていった。さらに細かくいえば、それら時代の風をそれぞれの台所の窓からかぎとっていた人たち。

それは自分を閉す周囲との闘いの中で、ひそやかに、秘めやかに貯えられ、かちとられていった個であった。それは、或る場合には放浪や逸脱をさえ含んだ模索だったが、すくなくとも上から与えられた教条的なものではなく、生身の人間の内面にかかわりながら深められていった人権の意識である。このような一種の個の放蕩を経て一つの個の確立に至るためには、たしかに長い時間が必要であった。高度成長のもたらした公害が、市民の身辺をおびやかし始めた時、はじめて間に会う程の時間を要したのだ。

私は、こうして解放された個のよろこびと充実を知った人びとが、自分の生き方を問うことの果てに、住民運動に至ったことに深く感動を覚えている。

実感に根ざす公害闘争

組合運動にならされた人びとの個は、このような形で養われる機会を持たなかったのに違いない。個の解放や充実に向かうよりも、個の数学的な結束や、セクトを守ることの向こうに夢みられたのは、ごく画一的なイデオロギーとしての個の権利であったのに違いない。かつて、個の切りすてを美徳とした体質が、真の個の解放と充足とを知らぬままに、セクトを守る、という大前提の前で、いつしか掟《おきて》化されたまま、たてまえとしての民主主義、革新という言葉の裏側に温存されてきたのではなかったろうか。ここに労働組合的運動が、住民運動とわかれてゆく分岐点がある。

個に執着がないから、セクトを脱落しても個の主観をとる、といった発想自体が生じてこないのであろう。しかも公害問題とは、個の生命と生活とを抹殺するものに対する告発ではないのか。みずからの中に個をもたない者たちによる個の擁護とはなんであろうか。

おもうに、セクトの人びとの個は、表向きの組合意識とは切りはなされた所で、ひそかな小市民的享受とでもいうような、日蔭者意識へ押しこまれているのではなかろうか。たてまえと、本音が区別されることを非と思わぬ精神的な体質は、組合に居れば公害運動をするが、家に帰れば関係ない、という形をうむか、まったく個の存在に気づかず、朧な、何者かに熱情を捧げることで生き生きとしていた、あの忌まわしい頃と同じ生き方を生みだしているのではなかろうか。政党活動をすることや、労働運動をすることが、滅私奉公であるが故に尊く、自分はそれに殉ずる者である、という風に。公害問題はまたある衝撃的な現われとして私たちの前に迫る。その衝撃には、社会科学的な思考や、差別の思想だけでは解きがたい側面がある。

それは一種の感覚に訴えてくる衝撃で、住民運動の人びとの多くは、そのような衝撃によって立ち上がっているのかもしれない。それが自分たちの地域のみでなく、一様に他の地域にも現われていたのだということを知った時、そのことの暴虐さに対する怒りと怖れは、なんともいえない戦慄をともなったものだった。私たちは田子の浦をのぞき、四日市をたずね、姉ヶ崎を見、鹿島に驚き、私たちを犯すものを見つめだした。

この怒りと戦慄は、自覚された精神などというものよりも、もっと原初的な、感覚的な、むしろ私たちの考えたこともなかったもの、突然心の内から溢れてくる感情だった。思えば私たちは、今までそのような感情を体験したことがなかったといってよい。社会の序列や封建制に対する、いわゆる差別の怒りというものは、人間の歴史にも、私たち日本の女の歴史、家の歴史にもあって、そのことの抑圧に鍛えられてきた私たちの精神も、この種の荒廃に接した体験はなかった。それはたしかに私たちが生物であることの感覚によって感じ取るとでもいうような種類の戦慄であった。

このように私たちの中に呼び起こされた感覚によって、逆に私たちは自分が生物であったことの自覚に達する。化学物質にやられている自然の、公害形相とでもいう様、また人為的な開発が自然を破壊してゆく様、今まで破壊などという言葉を自然に向かって使うことなどなかったことなのだ。こうした現象に対してふるえを起こしながら私たちの全身から湧き出してくる異様な感情。私たちはそれが恐らく私たちが人間であることの以前の、生物的危機感であろうと考える。

考えてみれば、ガス室で能率的に殺し、毛髪から絨緞を、体脂から石鹼を作ったあの合理主義も、単に合理主義であるからという理由のみでなく、人間の許容出来ない種類の非人間的、非生物的行為として嫌悪し、やがてそこまである人間たちをおしつめていった人間文化の全体を共同の責任として詫び、世界の戦後を歩み始めたのではなかったか。原爆を作れば、実験してみずにはいられない人間の魔性を見つめ、本来そのような歴史をふまえた筈のイデオロギーを掲げる人びとの心に、この種の恐怖感や危機感が湧いてくることが少ないというのはどういうことだろう。

自由な、とき放たれた心で物を見る、感ずることが出来にくい一種の盲いた存在が、イデオロギーにとらわれるという状態であろうか。そうしてみると、自由に物を観るということは、或る種の精神的セクトからの解放、或いは脱落を意味するのかもしれない。それは一つの体制からの、社会的身分からの脱落であり、裏返していえば、自由に、現世的な体制から、自己を放下、脱出できる精神のことである。

しかし、このような、社会のどんな身分にもとらわれず、個の素足で立つことの出来る人にしか公害の怖ろしさの正しい認識が出来ないとするなら、公害問題を闘う住民運動は絶望的な壁に向かっていることになる。しかもその空隙をねらって、公共性なる仮面を被った権力がのさばり出る。

私には、日本の公害問題というものが、このような絶望的な、アナーキーな心情を体験せざるを得ぬ深刻な状況にある、と思えてならない。

主体としての個の回復へ

水俣や、四日市が生贄として捧げられているのは、それを捧げているから私たちの生が許されているのではなく、まだ、われわれに、その順番がまわってこないというだけなのだ。また、生贄を捧げてあるからと安心している人びとも、すでに明日の生贄のために、単なる檻の中で生かされているに過ぎないのが日本の状況ではないのか。

或る意味でガスは空にかえされ、汚水は海にかえされて、私たちの手を放れてしまっているのだ。「無常憑《たの》み難し」という。「命は光陰に移されて」という。公害問題はもはや人間のいかんともしがたい次元の問題に移りつつある。この怖ろしさに思い至ることが出来さえするなら、政党や労働組合がなにを優先させるかについても変わってくるに違いない。人びとに欠落しているものはなんだろう。個とセクトとの転倒された認識ではないのか。

私たちの空、私たちの土の他に、どこに空があるか。土があるか。国家という存在も、自治体も、また一つのセクトも、考え方によっては、われわれ個人の存在を二重登録することで築かれている虚構の国でしかないのではないか。その幻想の領土の番人こそが、私たちの個を盗む盗人なのだ。

私たちはもっと、とらわれの歴史の殻を脱ぎ、自分を主張しよう。自分の土を、自分の空を、自分の家族を。私たちの兄弟である鳥や魚は自分で主張することが出来ないから、コンクリート詰めにされた魚の目にみつめられてしまった人は代わって声をあげなくてはならない。鳥の翼にねっとりとついた油を人類は永劫に拭わなくてはならないだろう。

公共性なる仮面をもつものの理論の前で、闘い得る力は、自らのエゴを正しく確認した個の力でしかない。か弱い個が集団をたのみにしているうちに、セクトが、その番人が、幻想の主体性を持つようになる。

主体はあくまで集団や、自治体や国を構成している一つ一つの個である。個という分子によって全体が構成されているにすぎない。幻想のセクトをすてて自らの中に個を回復し、人間の陥りつつある運命について目ざめなければならない時ではないか。豊かに養われた個の感覚のみが公害問題の怖しさを捉え得る。

旅の中で

火力阻止が成功し、続いて日軽金蒲原工場のアルミ公害に対する運動の日々の中で、私は、「守る会」の運動をまとめてゆくといういわば公的な立場の裏側で、しばしば一個の個に沈潜することが多かった。

私は公害運動のためにときどきは旅に出かけるようにもなった。もともと体も弱く家庭生活の苦闘から、あまり旅をしたことのない私にとって、それはひそかな僥倖でもあったし、みずから闘うものの上におのずから展かれてきた人生の展望であるという意味での感慨があった。その多くは、前述のように戦慄をともなった荒廃の風景ではあったが、またそれぞれの風土の上に記されたかつての歴史、そしてそこを過ぎた旅人の俤をも見出るのだった。運動の中でかなしみ深く癒やされてゆくひそかな私的な時である。

私は、自分を芭蕉や、西行の無常観に至る程のものを持ち得ている人間である、などと思い上がってはいないけれど、それでもかつてそこには、人の子の還るべき自然が、今よりはまだ頼られるべきもの、魂の帰るべき空、むくろを委ねられる土、として存在していたのではなかったかと思う。無常のうちにおのずから回帰のリズムを持つものとして信じられていた筈である。

能登入口の羽咋《はくい》に、折口信夫の墓をたずねた時、あれほど日本の風土を愛し、民族の昔をたずねて、旅ゆきの幽けさを聞きとり、自ら、自然の荒磯の無常に委ねた詩人のねむる松林が、片削ぎに削がれて、なにかの敷地に整地されているのを見出した。

私は、日本人が自ら招きつつある民族の終末をこの時程強く感じたことはない。絶えまなく砂を嚙み、また打ち寄せる自然の無常の様と打って変わった、人間の汚れた手による醜悪な惨劇。

高山植物の群生をみるために作った自動車道路で、天から奈落の底に届く程のガレを作ってしまった伊吹山。名だたる汚染の瀬戸内にも夕陽が満ちて、思いがけない駒つなぎの群落の匂っていた鷲羽山。水島はその下に重く病んでいた。自然のあたえる喜びとかなしみ。歴史の残す旅人の足跡に胸をしめつけられ、またそこに見出す見知らぬ人びとのなつかしき生活《たつき》のさま。子供が遊び、どぶ川の縁に蟹が這っていた。

私はそのような旅で一つ一つの詩を拾う。そしてこのことこそが、私の出来る本当の告発だと思った。

公害が私という人間のあらゆる面につきささってゆさぶりかけた力は大きかった。私は地域の人間であることを想い起こし、はずかしい程、母性であることを確認し、さらに人類という生物の一員たる原単位にまで己れの存在をさぐり得た。そして現実には意気地なく嘆息を吐く自然の好きな一人の人間。

尾根のすみれや藪かげの二輪草、そこここに滅びのうたを唄う竹の花。こういうものをブルドーザーが削っている山かげに見出る時、私は矢張り闘うことを選んでしまう人間だと思った。きっとここに個としての私の原点があるのだろう。

六月の地球の青あおと輝く日まで

かつて
六月の青い地球は
くっきりと富士を輝かせ

深い海溝の潮からさんらんと魚達を放った
すべての生物は自然の乳房に養われ
人はその価すら知らなかった
今
萬緑は病み
おびただしい物質の氾濫にかわく飢餓地獄
　空がない
　水がない
　乳がない
ああ　いま　わたしたち
ひざまずいて
誓う
六月の地球の青あおと輝く日まで
生贄の人のゆるしの日まで
闘いの苦しみを負うことを
団結の手をほどかぬことを

（昭和47年「かけがえのない地球を守ろう、6・4静岡集会」のために）

4 やさしさと抵抗
—或る読者への手紙—

松下竜一

お手紙を拝読いたしました。

という型通りな書き出しの一行のあと、さてどのような返信を続ければいいのか、私はさっきからペンを握ったまままいささか放心していたようです。その放心の底には、もの哀しさと呼んでもいいような わだかまりが沈んでいます。というのも、あなたがお寄せ下さったようなお手紙を、私は既に多くの読者の方々から受け取って来ているのです。そのたびに私は当たりさわりのない簡単な返信を書くのでした。

——健一も、今では小学校一年生で、下の歓は保育園に通っています。父も間もなく古稀を迎えます。私も妻もさいわい元気でやっています。

そんな調子の返信は、少しも今の私の心を伝えていないという意味で、誠実さから遠いものです。

しかし、そんな返信にならざるをえない私の方の事情もあります。というのも、それら多くの方々のお手紙が、不思議なまでに現在の私にではなく、ひたすら『豆腐屋の四季』の私(つまり、七年前の)に語りかけて来るものであり、現在の私は溜息をつきながら読者の抱いているイメージの延長上での返信を書くしかないからです。

しかし、あなたのお手紙は『豆腐屋の四季』の私と現在の私を対比してとらえて下さっています。そうである以上、私は安易な返信を書くべきではないでしょう。

ところで、多くの読者から今も愛惜の声が絶えず、あなたもまた、現在の私と対比してそこにもう一度還ってほしいと訴えて来ている『豆腐屋の四季』の世界とは、一体どんな世界だったのでしょう。気恥ずかしいことですが、それが出版された時新聞に掲載された広告文を引用してみましょう。

＜日本の一隅にこんなにも美しい心がある――青春の日々を零細な豆腐づくりに明け暮れる青年歌人が、苦しみに耐え、寂しさをのりこえ、愛と真実をうたう清らかな人間讃歌！ 飢えた捨て犬のようにみじめに彷徨する日もあった……絶望の底で死を想う冬の夜もあった……できそこないの豆腐を投げつけた狂気の朝もあった……母の死、姉弟六人の苦闘、妻となる少女への愛……貧しさの中で悲しくゆれたこの青年の心に力強い青春の灯をともしたものはなんだろうか。生きることの厳しさ、愛することの歓び――胸中に噴き上げる痛切な魂の叫びをこめた珠玉の短歌をちりばめ、働く庶民の詩と真実を綴る感動の手記＞

敢えてこのような歯の浮くような宣伝文を引きましたのも、その後無数に寄せられた読者の方々からの手紙の反応も、要約すればこの中に尽きているようだからです。父、姉弟、妻を愛し、豆腐造りという仕事を愛し、貧しくささやかな生活にも不満を抱くことなく、むしろ精神的な慰撫を支えとして清く生きていこうとする私の姿勢に対する共感であったと思うのです。その精神的慰撫とは、私にあっては短歌を作ることでした。私は『豆腐屋の四季』の中で、〈歌とは？〉という自らの設問に次のように自答していますね。

〈単純な私の人生観はただひとつだ。「人を愛したい」ということに尽きる。せめて自分の親、姉弟たち、妻、そしてそれぞれにつながる一族だけでも、心から真剣に愛して一生を貫きたいのだ。いったい、愛に発展とか進歩とかが必要だろうか？　私は発展などなくてもいいから、自分の日々を誠実に生きて、せめてその狭い世界の中だけでも懸命に愛を深めたいのだ。私の歌は、その愛の過程でおのずから生まれるはずだ。自分の仕事を愛することで、豆腐の歌は限りなく生まれるだろうし、妻をいとしむことで愛の賛歌は泉のように湧きくるはずだ。私はすでに知っている。悲しみや怒りですら、それを詠いとらえて、幾十度も口につぶやくとき、すでになにかしらいとしいもの、愛みたいなものに変っていることを、そうだ！　私にも煮つめてみたら、歌の定義がひとつあったのだ。――詠うとは、愛することなのですね〉

この、歌の定義こそ、いい換えれば正に『豆腐屋の四季』が描いた私的小世界をいい当てています。

あなたも多くの読者も、そのような小世界を限りなく愛惜して、私にもう一度そこへ還ってほしいといわれる。あのやさしいあなたに還って下さいと、あなたはお手紙に書かれている。とすると、多くの方々の眼には、今の私はやさしさを持たぬ者として見えているということなのですね。私がお手紙に接して、いいしれずもの哀しさを誘われるのは、そのことなのです。

真実の意味でのやさしさ

そこで、ちょっと考えてみましょう。あなた方がなぜ、私を既にやさしさを喪った者として見るようになったかということです。遠く離れているあなたと私は一度もお会いしたことはありません。そしてまた、お手紙から察すればあなたは最近の私の著書はいっさいお読みになってはいませんね。従って、あなたが私の変化を推定なさっているのは、多分新聞記事（中には、私が時折り各紙の学芸欄に書く文章も含まれます）やあるいはテレビニュースを通じての断片的情報による以外にないと思うのです。とりわけ、後者を通じての映像の印象が大きいのではないでしょうか。すなわち、火力発電所建設に反対して、ある時は電力会社に徒党を組んで押しかけ、ある時は県庁廊下を占拠し、ある時は裁判所構庭でマイクの前に立ち、ある時は建設地の明神海岸でシュプレヒコールを放ち、ある時は同志の逮捕に抗議して警察署前でジグザグデモをしている私を見ての推定であろうと思うのです。成程それは、鉢巻を締めていたり、胸にゼッケンをつけていたり、あるいは怒声を発していたりする、一見荒々しい姿の私であったろうと思います。（そのような己が姿に哀しみを抱いているのだといえば、あなたは信じて下さるかどうか）

テレビニュースの画像を通じて瞥見した荒々しい私に、あの『豆腐屋の四季』の私とはまるで別な人間を見るような思いがしたという手紙を私は数多く受けています。しかし、実はもっと気にかかることは、そのようなテレビニュースを観たことがないにもかかわらず、私が発電所建設に反対して運動をしている、しかもどうやらその中心に在るらしいということを知っただけで、もう私をやさしさの世界から遠のいた者として断定しているらしい読者の方々が少なくないという事実です。つまり、多くの方々の観念の中では、なにかに反対して運動をしているという事実だけで、充分危険だとみえるらしいのです。

そのことから逆に、あなたあるいは多くの読者の方々が考えていられるやさしさの中味を検討してみましょう。まず、なるべくなら社会の大勢に反対しないことがやさしさの要件といわねばならぬことになります。まして荒々しい行動に走ってはならぬということでしょう。そのことは『豆腐屋の四季』がなぜあんなに愛読されたかということとも符合しています。家族を愛し、仕事を愛し、ひたすらに生き抜こうとするかつての私は、どのような社会的事象ともかかわりを持たず、自らの置かれた状況に甘んじ、よしんば不満があろうとも黙々と耐え、対社会的行動に出るよりもむしろ眼を内へ内へと向けて已れの精神の浄化によって救われようとしました。〈悲しみや怒りですら、それを詠いとらえて幾十度も口につぶやくとき、すでになにかしらいとしいもの、愛みたいなものに変っている〉のだとすれば、対社会的行動や発言にまで至らぬのは当然でしたでしょう。

ここで注意を引いておきたいことは、『豆腐屋の四季』が庶民の書として喧伝されたということです。家庭を愛し仕事を愛し、黙々と貧しさに耐えて生きていくいじらしい姿こそ庶民の典型なのだという諒解が、ほかならぬ庶民われらにあって、だからこそ『豆腐屋の四季』が読者各自を鏡に映すような共感をもって迎えられたのでしょう。名もなく貧しく美しく生きている庶民われらの安堵出来る小世界を確認したといえるでしょう。それは、確かにやさしさと思いやりの溢れた美しい小世界です。私もその美しさになんの疑念もなく慰められて来ました。

一冊の書物が広く愛読され、更にはテレビの連続ドラマと化していく過程で、私はにわかに田舎町の模範青年として注目され始めました。あちこちの講演にすら招ばれ始めたのです。

だが皮肉にも、私は自分が描いたその小世界が愛好されればされる程に、模範青年とされればされる程に、次第に首をかしげざるをえなくなっていったのでした。なぜそうなったのか、その最初のきっかけといったものは、今振り返っても定かではありません。多分、それまで全く世間から無視されて来た孤独な若者が余りにも急激にもてはやされ始めた時本能的に構えた自己防御の姿勢であったのかもしれません。

首をかしげた私は、しきりに考え始めていました。私が模範像としてもてはやされるのは、世間に対してなんの危険性も持たぬ私のおとなしさによってではないのか。社会的事象からは一歩も二歩も身を退いて、ただおのが家庭という小世界で充足して生きようとする、いわば典型的庶民像の分(ぶ)を超えぬつつましさによってではないのか。つまり、最も安全な模範像ではないのだろうか。そのように考える時、私の耳朶には誰やらの声が聴こえるようでした。「そうなのだよ、庶民は庶民の分を守って、おのが仕事に励み、おのが家庭を守っていればいいのだ。それこそが美しい生き方じゃないか。この模範青年を見てみなさい」

　私は耳をおおいたくなりました。自分が模範像であり続けることの危険性に私は気づいたのです。誰もが己が家庭という小さな城に引きこもり、社会にどのような事が起きていようとも、それに対する発言なり行動なりは己が庶民の分を超えたこととしてつつしみ、怒りや哀しみをすら己が胸中で浄化していくことで耐えようとする時、この社会を動かしている者にとって、なんと御（ぎょ）し易い願ってもない状況が現出することでしょうか。

　六年前、私は唐突に豆腐屋をやめました。短歌を作ることすらやめました。私にかぶせられた模範像を私自身が打ち砕かねばならなかったのです。永かった豆腐屋生活をやめて一体何をするのかという目標も定かではありませんでした。ただ、これまでとじこもり続けて来た家庭から初めて一歩を踏み出して、世間を見てみたいという衝動だけに突き上げられていました。

　そして、きわめて偶然的にも風成（かざなし）のおかあさん達の闘いにまっ先に触れ得たことは、私にとっての僥倖でした。そこで、私は真実の意味でのやさしさを教えられたのですから。

　その闘いの涙ぐましい経過は、『風成の女たち』という本に私がまとめていますので、出来ればお読みいただきたいのですが、ここでは簡潔に紹介しておきましょう。

　大分県臼杵（うすき）市の美しい湾を埋めてセメント会社が進出して来ることを知った時、湾岸の漁村風成のおかあさん達が反対運動に立上がりました。なにしろ、山ひとつ越えた津久見市がセメントの町で、白い粉塵にまみれた光景を臼杵の者達は知り抜いているのです。それにしても、なぜおかあさん達が立上がったかといいますと、ここは突きん棒という遠洋漁業の村で、男達は年の大半を出払っているのです。留守中の村はおかあさん達にまかされています。おかあさん達が反対運動に立上がったのも、そんな責任感からでしょう。企業を相手に、市を相手に漁協を相手に、ついには平和だった小さな風成を二分してまで、おかあさん達は死者狂いの抵抗を続けました。埋められようとする海上の筏に三日三晩坐りこんで機動隊とも対決しました。極寒の海に身を投じて抗議するおかあさんもいました。風成のかあちゃんパワーとして、その荒々しい行動はテレビや新聞写真で全国に伝えられました。

　実は、私が風成を訪ねておかあさん達の話を聴かせてもらうようになったのは、その闘いが勝利に終わったあとのことでした。私が彼女達の聴き書きをまとめて、あの海上の闘いの場面を朗読してみせた時、おかあさん達は啜り泣くのでした。荒々しいとされた（つまり、あなたがやさしさに遠いと思われたであろう）おかあさん達が、実はひどく涙もろいやさしい人達であることを私は知りました。

　そして、このやさしさゆえにこそ、彼女達にあれだけの抵抗が可能だったのだとも気づきました。なぜなら、彼女達の抵抗の動機には子供達への愛があったのです。もし、セメント工場が出来て白い粉塵が降るようになれば子供達がかわいそうだという以外の動機ではなかったのです。この動機の純粋さゆえにおかあさん達はたじろぎも動揺もなく抵抗を続け得たのです。

　ここで、私はあなたにひとつの設問をしてみましょう。子供らにとって、一見荒々しく行動し抵抗したおかあさんと、一見おとなしく家にひきこもっていたおかあさんと、どちらが真にやさしいおかあさんであったかという問いかけです。

前者のおかあさんであることを、あなたも認めざるをえないはずです。もし、抵抗することなくセメント会社の進出を許し、将来セメント粉塵の下で子供らが苦しみ始めた時、その子らにとっては闘わなかったおかあさんは許されないでしょう。

私の返信も、ようやく核心に触れて来ました。いいたいことは、真のやさしさを守り抜く為には、時には激しく抵抗をせねばならぬ場合があるのだということです。（その場合、抵抗の行動が一見荒しくみえることによって、やさしさと正反対に見え易く、逆に抵抗を放棄しておとなしくしている者の方がやさしく見えてしまうという点に最大の注意を払って下さい）

私の住む足元で火力発電所建設問題が起きて来た時、私は随分逡巡しました。風成のおかあさん達の例を知り、そのことに感動しながら、いざ自分が行動に立つことには、矢張り臆病な心がしきりと動くのでした。小心な私がついに自ら立上がるようになったのも、結局は『豆腐屋の四季』の延長上としてでした。あなたを初め、多くの読者の方々があの本の中にちりばめられた私の短歌を愛して下さいましたね。＜豆腐積みあけぼのを行く此の河口はやおどろなる群鴉の世界＞＜瀬に降りん白鷺の群舞いており豆腐配りて帰る夜明けを＞＜海苔種の芽立ちたすくと云う風の灘吹き渡れば秋も冷え来つ＞というように私がひたすら愛して詠い続けて来た風景がブルドーザーによって押しひしがれようとする時、それを見過ごしてしまうとしたら、私にとっての歌とはなんだったのでしょう？　そこまで考えた時、私は自分のやさしさ（歌そのもの）に忠実でありたいと覚悟したのです。その風景を守る為の抵抗に立とうと決意したのです。それはちょうど、風成のおかあさん達がやさしさゆえに抵抗したことと同じでした。

私が反対運動に立上がって以後、私の町ではこれまで模範青年としてもてはやされて来たことの反動のように、私に対する非難と憎しみが渦巻きました。いやがらせの電話が家族をおびやかし、脅迫状が舞いこみ、友達までが離れてゆきました。

そのことは覚悟の上でした。ただ矢張りもの哀しく寂しいのは、今も私を愛して下さるあなたのような方々が、その善意から私に、もう一度あのやさしかったあなたに還って下さいと呼びかけて来る時です。私は少しも変わってはいないのです。敢えていい切れば、私の愛（やさしさ）は、深化したのだと思うのです。

抵抗の姿が、外見上時には荒々しい怒気を発せざるをえないということには、私自身いいしれぬ哀しみをおぼえます。激しい行動のさなかですら、ふっと茫然とする程の哀しみに立ちすくむ瞬間があります。（そして、私は決してそのような哀しみを喪ってはならぬと考えてもいるのです）

そんな私も、反対運動の中心者として激しい行動の場面をテレビニュースに切り取られて伝えられる時、あたかも雄々しき行動者として見えるらしく、＜あなたのように勇気ある人が羨ましい＞といったお手紙を受け取ったりして苦笑させられるのです。

私も、同志達もみんな気の弱いはにかみ屋の心やさしい庶民です。一人一人が己が心の宇宙を大切にするゆえに、慣れぬ抵抗に立っているのです。そして、一人の平凡な庶民がおのが心のやさしさを守ろうとする時、一体どれ程つらい目に遇わねばならぬかを、私達は僅か四年間に痛烈なまでに味わって来ました。

私達の発電所建設反対運動の最初の動機は、一人一人によって異なっていました。私の出発は、愛する風景を喪いたくないということでしたし、ある女性にとっては干潟に来る水鳥への愛着でしたし、別の女性にあっては発電所の排煙によって生気を喪っていくであろう植物を気遣ってのことでした。あるいは喘息気味のわが子を憂えての参加もありました。しかし、やがて一人一人は反対行動を深める中で見抜いていったのです。もしこの儘電力需要の急増を野放しに是認し続けるなら、次々と海岸は埋め尽され、海は殺され大気は汚染され、更にコンビナートはガン細胞の如く発電所周辺に増殖していくだろうことを。つまり、発電所が増えることは、よりいっそうの刺激で電力需要をかき立て、そのことによって更なる電力不足を招くのだということを。かくて、誰にも制御出来ぬ加速度で私達は破滅の淵へと転げていっているのではないのか。踏みとどまるには、ここらで電力需要の急増そのものを強引に止めるべきではないか。電力が足りないからといって安易に発電所を造る前に、今ある電力で足りるような生活に変わればいいではないか。それが、現在の生活からのレベルダウンであるとしても、それこそが長期的視点での真の救いにつながるのではないか。

やさしさのまま強靭な抵抗力に

だが、このように唱え始めた時、私達の考えは危険視され始めました。単なる反公害運動ではない、あれは過激な思想的運動なのだとされて、いつの間にか〈民衆の敵〉の如き烙印さえ押され始めていたのです。そして、充分孤立化した頃をみはからって、私達には国家による弾圧が降りかかって来ました。五人もの同志が逮捕され、永い拘禁の果てに三名が刑事裁判の被告とされました。弾圧の修羅の中で、私が必死に考え抜こうとしたのは、矢張りやさしさについてでした。『明神の小さな海岸にて』という本の中で、私は次のように書いています。少し長くなりますが、引用しましょう。

〈この頃、座り込み小屋について、しきりに思い続けていることがある。

やさしさについて。そのやさしさとは、たとえば亡くなった幼な子をあわれんでお地蔵さんを建てた人々のやさしさ、まだ子供のお地蔵さんだからおひとりはさびしかろと隣りに千手観音地蔵を添えたやさしさ、そのお地蔵さんに毎日のようにお茶を供えに来る人のやさしさ、山の神さまに海水を汲みに来る人々のやさしさをいうのだが（これらは、発電所建設の為の埋立が始まった明神海岸で見られる風景です）、そんなやさしさの溢れた小世界に、ある日巨大な支配勢力が侵入した時、そのやさしさゆえに抵抗精神は萎え果て、ついには支配者の意のままに操られてその手先とまでなってゆくのだ。やさしさを理不尽に踏みしだく者への怒りとともに、やさしさゆえにもろく無残に散っていく者の哀しみを思う。

やさしさが、やさしさゆえに権力からつけこまれるのではなく、やさしさがそのやさしさのままに強靭な抵抗力となりえぬのか、せつないまでに私が考え続けている命題である＞

この返信で最もいいたいことは、右の傍点を付した部分に要約されてしまうようです。思えば、庶民の持つ天成の美徳ともいうべきやさしさは、存分に時の支配者の意図のままにつけこまれて来たのではないでしょうか。遠い例を引くまでもなく、たとえば石牟礼道子さんが描く諸作にみられる水俣病患者の方々の、あの無限のやさしさはどうでしょうか。全く一方的に理不尽な毒によって一家を破滅に追いこまれながらも、ついに喪わぬやさしさの発露を示される時、私は庶民の神性を見る気さえします。だが、そのようなやさしさこそが権力による蹂躙をほしいままにさせて来たのだという怒りもまた、今の私にはむらむらと湧いているのです。単に庶民の天成の美徳だといってたたえるのみでは済まぬ気がするのです。やさしさが無抵抗の同義語となるとき、やさしい筈の庶民そのものが支配者の側に組み入れられて、一部の抵抗する庶民を危険視し、これを＜民衆の敵＞として排除していく先兵とすらなりうるのだという悲劇的な例を私達は既に知り過ぎています。

私が、今や運動を通じてめざしている最大の命題が、やさしさがそのやさしさのままに強靭な抵抗力たりえぬかということに尽きているといっていいでしょう。この命題には、実践的に大変難しい矛盾があり、実は私自身その確たる解答は保留しているのです。

そもそも、反対運動の目標が勝つことであるのは当然です。発電所建設反対運動の勝利とは、発電所を建てさせなかった時に達成されます。それが目標である以上、勝つ為には手段を選ばぬということも正当化されねばなりません。ある場合にはあくどい方法もとるべきでしょうし、狡猾な策も弄さねばならぬでしょう。要は目標を達成出来ればいいわけです。

ただ、厄介なことに人は手段として用いた筈のあくどさ、狡猾さによって、実は己れ自身の人格をも堕としめる危うさを常にはらんでいるということなのです。運動の過程で、人が変わったようにやさしさを喪っていく危うさを私達は忘れてはならぬと思うのです。

幸か不幸か（いや、私は本心では幸だと思っているのですが）、私達の発電所反対運動は実に人格的な運動を当初から貫いて来ています。そのことにひそかな自足をおぼえる一方で、しかしそれゆえに運動としての敗北を重ねて来たのかもしれぬという苦悩もつきまとうのです。再び『明神の小さな海岸にて』から引用しましょう。

〈同志の中に一人として世慣れた狡智者はなく、だから勝つためにと割り切っての狡猾な戦術も、敵の裏をかくような策謀も皆無で、この二年余の運動は不器用なまでに純な正面攻撃に徹してきた。そんな私たちであれば、運動の内外でいっさいの隠しごとなど無く、たとえば私たちの機関誌『草の根通信』を読めば、私が痔に悩んでいることも、るみちゃんがどこに新婚旅行にでかけたかも、そして彼女の結婚に好べえと今井さんがどんな複雑な心境で酒を飲んだかも、野田太君が酒に眼のないことも、すべて読者に伝えられるのだ。それはつまり、運動というものを人間性を抜きにした主義・思想だけの共同体とは考えずに、あくまでも一個一個の人間性の生き生きした連帯でありたいとする私たちの願いによってなのだ。

運動を定義づけてもっとも簡潔にいい放てば、主義・思想の行動的表出形態とも呼べようが、しかし私の主義・思想がどうであれ、私が深刻に痔痛に悩んでいる日には、哀しいかな私の運動は確かに阻喪しているのであり、されば私の痔と運動とは無縁な話柄ではないと考える。そんな視点で編集していく『草の根通信』の風変わりな誌面は、およそ硬直化した機関誌の氾濫の中で、とにかく読んで面白いという多くの読者の声に支えられて号を重ねてきていた。

だが、これを逆に権力の側からみれば、『草の根通信』を読むだけで私たちの運動の内情を知り尽すことが可能という、願ってもないことになる。誰が運動の積極的参加者であり、その者がどんな性格でどんな日常生活なのかまで読みとれるのであってみれば、反対運動者一人一人の完全な資料カードを作製出来るだろう。実際、九州電力も警察もそれを十分に活用してきたのだ。

得さんが逮捕された時、既に印刷所にまわしていた『草の根通信』第一九号には、彼の書いた克明な〈海上攻撃大作戦記〉が組みこまれていた。それは多くの人々に読んでほしい原稿であったが、検察側の証拠に利用されることを恐れた私はあわてて抹消したのであった。それにもかかわらず、検察側は『草の根通信』第一九号を発行の翌日には入手していて、これを共同謀議立証の証拠とする意図を露骨に示してきたのである。得さんの文章を抹消したとはいえ、同誌は着工阻止行動に触れての多くの記事で埋められている。弁護士さえ、「どうして機関誌にこんなに運動の内情をあけすけに書くのですか。敵に利用されてまずいですよ」と呆れて、私は叱られた。機関誌の件だけでなく、中津の運動そのものがあまりにも無防備すぎるという厳しい批判は、学生たちからも突きつけられていた。

そんな批判に私はうなだれてしまう。現実に私たちの無防備が梶原、西尾、上田三名の逮捕、拘留、起訴まで許してしまったのである以上、気弱な私の心痛は深い。しかし、それでいてなお私はそんな批判に釈然とできぬ思いをやはり抱き続けるのだ。権力に対する防衛意識から、運動の中に隠さねばならぬ部分が多くなるとき、やさしさと信頼で結ばれた日常生活の中にある無理のない運動が異質なかげりを帯びていくことは間違いなかろう。既にこの頃私は電話の盗聴までされているふしがあって、日常生活そのものの防衛に狡智を働かさねばならぬところに追いこまれていて、そんな方向の行き着く先が運動の地下組織化だとすれば、私は暗然とするのだ。

やはり私が志向するのは、和嘉子さんや私の妻までを含みこんだ気弱でやさしい同志たちが、その日常生活ぐるみで運動を持続できることであり、よしんば攻めどころを熟知する狡智な警察権力に存分につけこまれるという不利を承知のうえで、なおかつ隠しごとを持たぬ純粋な明るさの中でついにやさしさがそのやさしさのままに強靭な抵抗力たりえないのかという一点に収斂されていくのだ＞

或る人がこの部分を読んで、まるでドン・キホーテだなと笑いました。強大な権力に抵抗していくにはあらゆる狡智を尽して迫るしかないのだと考えている者からみれば、確かに右に述べた如きやさしい人格による抵抗は笑止な夢としかみえぬのでしょう。

ただ、はっきりいえることは、私達はこのやさしさにつながって、ついに厳しい弾圧にも唯一人の脱落者を出すことなく、今も抵抗を持続しているという事実です。少なくとも、やさしさが弾圧に屈せぬだけの勁《つよ》さを持していることは実証されたようです。

ここまで書いて来て、はっとしました。慌てて『豆腐屋の四季』を取り出して頁を抜きました。ありました、〈眼施〉という短い文章です。書き写してみましょう。

〈病弱で、やせっぽちで、非力で、臆病で、こんな自分がどうして世の役に立てようと、ひとり寂しい思いで殻にこもっていたある日、ぼくはその一語に出会いました。眼施――げんせ。仏教の経典にある無財の七施（むざいのななせ）のひとつだそうです。財力もなにもない者でも、世に施すことのできる七つのものを持っているという教えです。

七つの中でも、ぼくには眼施がいちばん心にしみて救いでした。眼施とは柔和な目で人を見るということです。やさしさのあふれた目で人に対するということです。そんな目にあうと、人はほのぼのと心をぬくめられるはずです。つまり、ほんの少し世にいいことをしたわけです。

これなら病弱で臆病なぼくにもできるのではないか。やさしさが目にあらわれるには、心にやさしさがあふれていなければなるまい。思いきりやさしい心になろう、それ以外、ぼくなんか世の役にも立てないのだから。懸命にやさしい心でいようと願いました。心がやさしさであふれてくれば、きっと目にも柔和な光がたたえられ、眼施に適うだろうと思ったのです。

そしてぼくははっとしました。ああ、これはすでに幼い日々、母が教えてくれようとしたことではないか。体が弱く、目に白いホシがあって、みんなから白眼となぶられ、いじめられた泣虫のぼくに、母は一度も強い子になれとはいわず、やさしいやさしい子になれというのでした。目の星は、やさしさのしるしみたいなものなんだよ。竜一ちゃんの心がやさしければ、目の星がとても美しく光るんだよと語った、あの幼い日々の母の教えこそ眼施だったのではないか。

無学の上、信仰もなかった母が、眼施の教えをひとりで会得していたのは、母自身このうえもなくやさしい心といつくしみの目を持っていたからでしょう。母はたぶん知っていたのです。やさしさに徹することでしか、ぼくは強くなれないのだと。

でもほんとうにやさしくなることは、なんと至難なことでしょう。ぼくは今日も、つい些細なことで妻を怒ってしまいました。ぼくより小さく弱い妻を∨

もっと早くこの一文のことを思い出していれば、まわりくどいいいかたをしなくても、現在の私が正に『豆腐屋の四季』の延長上にしかいないことを論証出来たのですね。

〝敵、憎しみ、闘い〟

これで、私がやさしさについて書きたかった返信もほぼ尽きたようです。最後に、もうひとつだけ触れておきたいことがあります。敵とか憎しみとか闘いとかいう言葉についてです。つまり、やさしさと対置されがちな言葉です。

ひとつの思い出があります。私達の発電所反対運動が始まったばかりの頃、まだ反対勢力は大きくて婦人会も参加していました。その頃、私が書いた運動教宣の為のビラの中で、九州電力を敵と名指したことが婦人会会長から問題にされました。彼女は、誰をも敵などと呼んではなりませんといって、私をたしなめました。私もまた、婦人会という大きな勢力を味方から喪いたくない為に、あいまいな妥協をしました。その結果、ずるずると私達は後退していき、九州電力に押し切られそうになりました。これではいけないと気づいた少数の者達が、はっきりと九州電力を敵視し敢然と闘う姿勢を見せ始めた時、婦人会は反対運動から身を退いていったのです。

確かに私達とて、みだりに敵と名指したくはありません。だが発電所を建てないでくれ、海岸を埋めないでくれと願う私達にとっては、九州電力は敵といわざるをえないのです。なぜなら、この場合の九州電力には、私達が人格対人格の誠意を賭けて話し合えるような一片の余地も見出せぬからです。正に、企業の論理、資本の論理によってしか動かぬ相手に対して一個の人間のやさしさを基調とした人格での対応は、事実上無意味なのです。企業という無表情な仮面に向かって、私達はそれでも懸命にかきくどいて来ました。その必死な言葉が無視され裏切られた時、私達は満身の怒りをこめて敵と闘わざるをえないのでした。その時、私達の胸中にあるものは大いなる怒りであり、憎しみです。人間のやさしさを踏みにじるものへの怒りであり憎しみです。やさしさが深いものであればあるだけに怒りも憎しみも大きくなるのです。いい換えれば、怒りも憎しみも全人格的な発露であらねばならぬと考えるのです。そうでなければ、自らが堕落し、やさしさを喪うでしょう。正直に書けば、私にはまだ怒りが足りぬという気がしています。それはつまり、やさしさに深みがないということであろうと自省しているのです。

明神海岸が私達の必死の抵抗にもかかわらず傍若無人に埋められ始めた時、「海を殺すな！　海が泣いてるぞ！」と海岸から海上の埋立船に叫び続ける私達を、機動隊も私服刑事も背後からあざ笑っていました。たまりかねた私は怒声を叩きつけました。「今薄笑いしているお前たち！　お前たちはそれでも人間の心を持っているのか。こんな光景を眼の前にして、お前たちに心の痛みは少しも湧かぬのか。必死に叫んでいる私たちを薄笑いするお前たちを、もはや私は人間の仲間とは思わぬ。お前たちはそうして笑っているがいい。やがて歴史がお前たちを裁くだろう。……私は……私は、今日のこの豊前海のくやしい光景を一生忘れないだろう」

叫びながら私は泣いていました。その時、私は私の全身全霊をこめてそのような怒声を発せざるをえなかったのです。その怒りを今振り返っても、一点の不純な感情も混じってはいなかったといい切ることが出来ます。

これで、あなたへの長過ぎた返信のペンを置きたいと思います。この返信をお読みになって、もう私があなたからは遠く離れた者として、疎遠にされるのか、変わらぬ御友誼をいただけるのか、私には判断がつきません。思えば、『豆腐屋の四季』を愛読して下さった数万の読者の大半は、もう私からは離れてしまったようです。最近の私の運動記録ともいうべき著作を読んで下さる読者は数千も居ません。

私達が抵抗し続けて来た明神の海の埋立ももう完工し、今では火力発電所の建物が築かれ始めています。それでもなお反対運動をやめようとせぬ私達を周囲は馬鹿んじょうがと見ています。そのような人々に、私達の方が反問したいのです。あなたは、本当に自分の住んでいるこの町に愛着を抱いているのですかと。

この町を愛し、この町に棲み着く者が、この町の環境を守ろうとする闘いに終わりはないのですからね。ある時点での現象的な敗北などは、子や孫の代までを見通してかかっている私達の運動にあっては、なんら決定的なものではありえないのです。

あなたからの再びのお手紙を期待していないといったら嘘になります。

どうぞお元気にお過ごし下さい。さようなら。

敬具

5 疑問を持続する意志

正木 洋

反省期の住民運動

仲井 富 伊達火力が始まってことしでちょうど満六年です。昭和四五年というのは公害元年とか言われて住民運動が一斉に出てきた年なんですが、現在、一種のピークみたいなものを過ぎて一つの鎮静期に入っていると思うのです。そういう中でさまざまな反省とか絶望とかこれからどうしたらいいんだろうかとか、そういう気持ちがそれぞれの運動体とか運動をやっている人の中に芽生えているということが言える。それは伊達だけじゃないと思う。そういう点について、伊達の運動の中で正木さんは正直いって現在の心境、どうなのかなということを最初にききたい。

正木 いつか、これは宮崎省吾さんが酔っぱらってだろうと思うけれども、どうしていいかわからなくなったということをしゃべったことがあるとか聞いたことがあるけれども、正直なことを言うといまかなりシーンとした気持ちですね。自分と自分たちの運動を考え直すというふうな時期に来ていることは間違いない。自分のことだけ考えてみると、日々これ反省させられる。日々これ反省するということは、いい年して精神が非常に若々しいということの証明でもあるかもしらぬし、逆に言えば自分がどんなにつまらぬ愚かしい自分であるかということの証明でもあるような気がする。だからこれから仲井さんとしゃべるわけだが、愚かしい男がどんなばかげたことを六年間も一心不乱にやってきたかということをちょびっとだけしゃべるかというふうな心境。

仲井　ぼくは宮崎省吾氏に言うんだけれども、一〇年間も会社員でありながら住民運動をつづけている。ひょっとしたらもうちょっと気楽な生活があったかもしれない、この一〇年間というのはかなり人生としては貴重な一〇年間ですから、それをようも一つのことをおやりになった、それだけは尊敬する。とてもぼくにはできないんじゃないか、あっちに行ったりこっちに行ったり、浮気に動き回っているぼくみたいな人間にはやはりちょっとできないんじゃないか。きょうのテーマで言えば持続する志に関しては尊敬する。

正木　じゃ私も少し尊敬されるわけだ、一〇年に対する六年だから余りたいしたことないけれども。ただ、やっていて、運動自身もそうだけれども非常に山がある、谷もあるわけでしょう。自分自身もそうですよね。ぼくは学校の教師やっている。非常に暗い気持ちのときに教室へ行くわけだ。授業をやっていて、机の間を回るでしょう、回ってちょっと教壇の上の方にあるクラスの目標というやつを見たら「継続は力なり」こう書いてある。ぼくはまるでおれを励ますために書いたのだろうかと思うこともありましたね。ずいぶん長い時間かかってずいぶんばかみたいに一つのことをやってきたわけだ。

そのことの始まりですが、ぼくは絶対自信あるのは、日本人の平均像というのがあるでしょう。非常にバランス感覚を持っていてしゃしゃり出ない、心のこもった生き方をしたいというふうな日本人の平均像みたいなもの、それとはぼくはかなりマッチしていると思う。余りでかいことも言わない、それから余り悲愴なことも言わない、偉い人の言うことを大体余り信用しないでうさんくさいような目で見るというふうな感じ方をしている人たちの心とかなりダブる心を持って育ってきたような気がする。だからもともとこんな公害反対闘争なんというのは本質的には向いてないんじゃないかなという気がするのだけれども、どうですか、仲井さんから見て。

本来は運動をやりたくない人々

仲井　結局一番そういうことをやりたくない人が一生懸命やっているという非常に皮肉な現象がいまあるんじゃないかと思うのですよ。もともとひっそりと小さな家でも建てて、余り人に干渉されないで、だいそれた望みもないし、出世しようとも思わないし、自由に生きたいという人たちが、突如として襲ってくる新貨物線とか道路をつくるとか火力をぶっ建てるとかいうことに対して立ち上がっているという、それがいまの住民運動の一つの特質みたいなものじゃないのかなと思うのです。あなただって始めたというのは、別に公害闘争の全国的な拡大のためにというようなことで立ち上がったわけじゃないでしょう。非常にささやかというかひそかな契機でしょう。

正木　ぼくが一番人の前で胸張ってお得意なものは何かと聞かれたら、一番が酒で二番目が野草ですか、山草ですか、こんなものの観察くらいですかね、三番目は魚つりと言うけれども、実のことを言うと自分で船を持っていたわけだ。気の合った友人とすしの折りでもつくって海へ浮かべて、魚はつれてもよし、つれなくてもよし、海の上というのは意外に音がよく響く。しかも北海道の噴火湾というのは波の穏やかないいところだからちゃっぷちゃっぷと音を立てて船がかすかにゆれてその上で昼寝しながら、ウグイスの声を聞きながら、カッコーの声を聞きながら魚つりするというのが一つの喜びなわけです。ところが、あるとき、北海道では、一番気候がいいところで景色もよくて第一次産業の盛んな伊達ですがね、そこで魚つりに出た。志村化工という小ちゃな会社があるのです。そこの煙が伊達の町全体をきれいに覆って、あれは逆転層ですね。そんな風景見たのです、晴れた初夏のいい日に。そうすると伊達がいい、いいと言っているけれども、あんな小ちゃい工場一つのためにあんなふうに煙のかさの中へ包まれているということを目のあたりに見て何かいやな気持ちになっちゃった。ちょうどそのころですよ、伊達が北海道電力の火力基地になる、火力基地になれば志村化工なんか問題にならぬところのSOx、NOxが出てくるわけで、一体こんなところを火力基地にすることが本当に許されていいものかどうか、黙って認めていいものかどうか。それ以上に憂うつなのは、町の有力者が火力が来れば町が発展して町の人が幸せになるというふうな感じ方で生きていることの愚かしさというのか、それをだれも指摘しないでそのまま通り過ぎていいものだろうかという心は起こりましたね。

本音を大切にする運動

仲井　ぼくは当時、東京で新聞記事で、北電誘致に疑問を持つ会というのをつくったというのを知った。大体反対だとか絶対反対だとか阻止だとかいうのを掲げて始まる住民運動が多いわけだけれども、珍しいわけです、疑問を持つ会という名前が。そういう意味で非常におもしろいなと思ったのだけれども、出発点は必ずしも反対というようなのじゃない、反対以前の問題をもっと究めてみたいということがあったわけでしょう。

正木　それは二つありますね。一つは反対とか、それから反対で足りないところの絶対反対とか、たとえば女の人をくどくときに好きだと言ってなんとなく足らなくて絶対好きだというふうなことを言うことが結果的にはかなりうつろであるというのと似たようなものですよね。社会問題についても反対という言葉の方が勇ましいし、絶対反対の方がもっと勇ましい。だが、その分だけうつろさが結果として残るということを如実に無限に見ている。そうすると結局自分の生き方としてそんな勇ましいことはよう言わぬ、自分の力量をよく見きわめて、力量の範囲内で発言を続けるということが多分一番大事なんじゃないかというような考え方があったわけです。もう一方は効果も考えている、当然のことながら。そうそう純情一点ばりの男じゃなくて、やはり疑問を持つ会というような形でもって何か結集できる目に見えない、安保の時の岸信介でないけれども、声なき声、——物言わぬ人の心というやつが案外集まり得る余地があるんじゃないか、そういう計算はありました。

仲井 発足するときの会則はなかったですね。確か文章になっていないようなものが会則になって て、あれはなんでしたか、三つか四つ……。

正木 まず初めに議長とか事務局長は一切つくらず、ただ心覚えとして三つばかり設ける。まず一番は無理しない、それからやめたいときはいつでもやめることができる、それからうそはつかない、この三つを旗じるしにやれることをやっていこうじゃないかというふうな気持ちだったですね。なぜそんなことを考え出したかというと、理屈は後からつくものかもしらぬけれども、たてまえと本音というのがあるでしょう、大体人間というのは人生短いわけですから、ことにわれわれの場合にはあとどのくらい人生があるかわからぬけれども、何か見栄だとかそれから義理だとかいうふうなことで人生が終わりに近づくのはつまらぬ、本音を大事にしながら生きたいものだというふうな心はあったわけです。要するにたてまえの部分についての不信というのかな、おもしろくなさというか、そういったものはもう相手にせんで、本当のところだけを大切に生きる。そんな発言すれば、いろんな人たちの心の奥深くにしまって、言えなかったこと、そういった心に響く問題になりますね。それで思いのほかに反響があるというものだと思いますがね。

仲井　だけどそういうわけのわからぬような疑問を持つ会とかそういう考え方に対してなまぬるいとか手ぬるいとか、そういうような批判があるでしょう、もっとはっきりすべきだとか断固戦うべきだというような、そういうのは出発のときなかったですか。

正木　それはありましたよ。正しい路線で絶対反対でなければ戦えないというのが共産党だとかそれから労働組合の各団体だとかいうふうな人たちの考えで、私らもそういう意見を聞いてびっくりして、と同時に、そういったふうな反応をするんかいなと思った。ただ、やはりいまになって見てみるとずっと、それこそさっきの継続は力なりじゃないけれども、継続しているのはわれわれであって、そういった人たちは情勢が変わればきれいに変わるのですよ。そういった変わり身の速さというのかあるいは利にならない仕事は手控えるというか、そういったのは始めから終わりまで終始一貫しているんじゃないですか。

生きた人間の生きた発言

仲井　伊達に行って一番おもしろいといったのは生きた人間がいるという感じ、漁民にせよ農民にせよ。それはどういうことだろうかなどとぼくら思うのだけれども、やはり生きているというのは生きた魚をとって生計を営んでいるとか、毎日田んぼの水に手を突っ込んだり水をやったり、生きた動物とか植物とか、そういうものを相手にしているということなんじゃないかなという気もするのです。そういう人たちが初めて、昭和四七年の一月に大石環境庁長官のところへ陳情に来ましたね。だいたい陳情なんというのは決まりきった文章をつくって、どうぞよろしくなんて行くのだけれども、非常にユニークだと思ったのは、ワカメとかコンブとかリンゴとか、このリンゴなんかまさにうまいわけだけれども、そういうようなのを持って、こんなにうまいものができるところにどうして火力建てるんだといって大石武一さんに言った。そういう言葉も文章になっていないけれども非常に心を打つものというのか、きらっと光るような発言がたくさんあると思う。

正木　伊達は一次産業が盛んだというのはさっき言ったけれども、たとえば果樹園があるわけです。これは悲しいことに火力が建って操業を始めれば大変な打撃を受けるところですよ。そこの果樹園の農民たちというのはやはりおもしろいんだな。ぼくはいまの日本の国で活躍しているたてまえで生きている人たち、政治家とか学者とか公害反対運動の大リーダーだとか、これはおもしろくないんだ。発言がたとえば活字にならぬという人が特権として享受している、生き生きとした発言――こうした発言をする人たちとの接触が実のことを言うと過去六年間を支えてきたんじゃないかという気がするのです。

たとえば二、三例を挙げますか。さっきちょっと話が出たけれども、やはり住民運動側もだんだん力を持ってくるといろんな人たちも励ましてくれる。火力発電所が建つ予定の農地で大会を持ったことがある。そのときに全道労協という北海道で一番大きい労働組合の組織だけれども、そこのかなりな人が来て演説するわけですよ。そのときにこういう言葉があった。「われわれ三十万全道労協は命をかけて伊達火力発電所を阻止する」こう演説する。そうすると、集まりの隅に腕くんでいた農民が、「なァに、命なんかかけてくれなくていい。ちょっこり手伝ってくれればいい」こういう発言をするわけです。ぼくはそっちが生きている、本当だと思う。多くは決して期待しない、命なんかいいんだ、そうじゃなくてちょっとでも自分たちの心に合わせて生きてくれればどんなにうれしいかという願望はあるわけですよ。

今度は逆に、似たようなことを言うと、壮瞥《そう》の果樹園組合の組合長が、これは漁民でも農民でも果樹園でも言えるのだけれども、伊達火力反対運動が始まる前はほとんど全員といっていいでしょう自民党支持なんです。自民党の国会議員の後援会の会長をやっていたり、そういう人たち。その人たちが自民党が進めている国土開発のプログラム、これに対して自分たちの生活とぶつかるから、だから叛旗を翻した。その叛旗を翻す翻し方というのがやはり古風なんだな、なんと言っても。自分達が住んでいる町というのは自然に恵まれたいい町だ、その中でおれたちは一生懸命生きているんだ、それをぶっこわすような開発計画というのは日本の国益に反する、だから国賊なんだ、北海道庁も北海道電力も。国賊だからけしからぬというふうな発言をする、こういうふうな発言は聞いていて非常に生き生きしている。

仲井　健全だよね。

正木　健全ですね。だから革新が日本の国をよくしたり日本の国の人の心を豊かにしたりというのは、かなり前から実質的に否定されているんじゃないか、革新に希望を持つ、という考えがあるとすればジャーナリストの世界でひょっとしたら生き残っているかもしらぬ、一番感度の鈍い人の世界で——というふうな気がするのですよ。実質的な農民とか漁民の世界ではあるいはおっかちゃんパワーの世界ではそういったものは一顧だに与えられてないというような形が実質としてもかなり大きいんじゃないかという気がする。

仲井　ぼくもそれを痛感するわけです。要するに一番ひどいのが学生運動みたいなのだ。言葉だけなんですよ。絶対反対とか断固戦うとか、農民や漁民だってそんなものに体張ってついていこうなんて夢にも思わないということをいまだに気がついていないというのが日本の左翼とか革新の悲劇じゃないかなという気はします。

それからたとえば火力の公共性とか公益性という問題でいろいろ向こうが言ってくるでしょう、それに対して住民、漁民の人たちの反応が実におもしろいですね。

〃私らの銀行は海〃

正木　だいたい断固とか絶対とかという言葉を使うのは信用しないのが住民で、それからよく会合があると腰に手を当てて、かがめて、右手を天高く突き上げてというのが一つの締めくくりのお決まりの行事になっているが、あれを照れの気持ちなしにやれるという人間自体、これはもう信用しない方がいいというふうな感じ方は、農民、漁民に一般的ですね。また、たとえば漁民のお母さんが、ジャーナリストにいろいろ質問されたりする。漁民のお母さんが言うんだ、公共性とかなんとかと言うけれども、だいたい公共性ってなんだがさっぱりわからぬ。私らは人間がつましく食べるものを食べて自分たちの生活を大事にして一家が平穏であれば、これはもう一番うれしいんだ、それを崩すのが公共性に反するということだ。仮に公共性ということを言うならば、みんな食べるものを大事にして、自分たちの心のこもったつきあいを大事にしていく上に公共性というのはあるのかもしれぬ、だから漁民のお母さんがこういうことを言うんだな。有珠の海は岩礁地帯にあって砂地もあって、各種の魚介類に恵まれて非常にいい海なんですよ。まったくいい海だ、光り輝くいい海だ。そのことをこういう言葉で表現する。私らはそんなに大金はもうけないかもしらぬけれども、しかし銀行が控えているんだ、銀行というのは何かといったら、この海なんだと、魚がいっぱい泳いでいて、貝がたくさんいて、ナマコとかウニだとかアワビだとか、この銀行が控えていて、その銀行とつき合って生きていれば一生実に穏やかな生き方ができる、それを火力は一挙にだめにしてしまう。だれだって怒る。一挙にしてだめにしてしまうのに対して怒る。農民や漁民がなぜ公共性のためにがまんしなければならないのかという言い方というのは、ぼくは一番痛烈な言い方だと思う。

ぼくらはいま伊達火力発電所の差し止め裁判をやっているわけだけれども、昭和四八年に裁判長、裁判官が現地検証に来た。そのときに長和《ながわ》の農民が切々と訴えるわけだ。その言葉の中に、北電は公共性があると言うけれども、電力なくたって人間というのは何も死にはせぬ、ただ食べるものがなかったら人間死ぬんだから、農民、百姓とばかにするな、百姓は百姓でその中で一生懸命苦労しているんだ、おいしいものをどんなふうに生産するか、そのことに公共性が一体ないんだろうかという主張を裁判官にしたんだけれども、これはぼくはかなりレベルが高いというのか、学問だとかもっともらしさだとかいうものに惑わされてない確かな目があると思う。ただ、伊達火力の反対闘争に仮に意味があったとすれば、そういった主張をいままでのみ込んでしなかった、それをはっきりするようになったということがぼくはこれは大変な意味があると思うのですよ。

言うべきことを言える

仲井　ところで、伊達なんていうのはどっちかというとわりあい古い町でしょう。

正木　北海道じゃ一番古いですよ。そこでもっとも果敢にがんばっている伊達市の有珠の漁民たちの中で野呂さん、通称大丸という五〇過ぎの、前組合長がおります。北電は理性的な話し合いが済まないうちに電力供給という観点から強行着工して、野呂さんらをはじめ抵抗する住民を機動隊の力で排除して四八年六月一四日にとうとう着工を始めたわけですよ。いまほとんど施設はでき上がっている。言ってみれば、世間的には負けでしょう。負けというか、敗色濃厚というふうな形のときに、NHKの人が野呂さんのところへ取材に来たわけ。残念ながら火力発電所の九〇パーセントは建っているし、野呂さん、御心境はいかがですか、反対運動をやってきていま火力発電所はほとんど建っちゃっているし、操業してないだけで何か結局値打ちがあったのでしょうかという質問をした。そのときにテレビで野呂さんがしゃべったのは、やはりぼくは重い言葉だと思う。

「それは違う、人間の値打ちというのは勝ち負けじゃないんだ、そうじゃなくていままで私は心の中で思っても言わないのが自分の生き方だった。ことに町役場の人だとか道庁の人だとか、そういう偉い人が来れば頭下げてじっとがまんできるものはがまんする、これが自分の生き方だったけれども、ただ、伊達火力の反対闘争を始めてから少しずつだけれども自分が思ったことは町役場の課長さんだろうがあるいは町長さんだろうがあるいは道庁の偉い人だろうが、ちゃんと言うことが言えるようになった、このことの値打ちに比べれば火力発電所が形だけ建つの建たないの、そんなこと問題じゃないと思う」というふうに言ったのが非常に印象的だったですね。そういった意味で、自分の主人公は自分だと、何か得体の知れない公共性だとかたてまえだとかいうものじゃなくて、自分の意見は自分が言うんだというふうなことが普通になりつつあるというのは、これは大変なものだと思うのです。

　　建つ前も、建っているいまも、建ってから後も反対

仲井　そういう意味では斉藤医師の発言もちょっと抒情詩みたいなきらいもあるけれども、やはりおもしろいですね。

正木　そう、斉藤という私らと一緒にずっとやってきたお医者さんがいるわけですよ。彼もまたお

もしろい人物で、伊達の火力発電所が強行着工で、われわれに不利な形がはっきり出てきた。そのころ九州の豊前に行ったのです。そうしたら豊前の松下さんを囲む人たちが恐る恐る北海道からはるばる訪ねていった斉藤医師たちに質問したわけですよ。正直なことを言って、強行着工されて建物がどんどん建っていく。そうしたらやはりしょげて運動自身が元気なくなって、意気消沈するんじゃないかという質問をしたらしいんだな。そうしたら斉藤医師が彼氏にしては珍しくキッパリと「われわれは火力発電所が建つ前も反対だし、建っているいまも反対だし、建ってから後も反対だ」といった。これはかなりな名言で……。

仲井　これは住民運動の歴史に残る。住民語録というのをつくりたいと思っているのだけれども、いまのような話を集めて、実にこれはいい発言だと思うのですよ。

正木　毛沢東語録より意義があるかもしらぬ。

仲井　本当に、文章になったり論文になったりしてない、生きた住民語録みたいなのを集めればすばらしいという気がものすごく最近しているわけです。それをつないでいけば普遍的な、たとえば公共性というのはなんだろうというようなたてまえの公共性に対して、本当の公共性というものがはっきりそれこそイメージとして浮かび上がってくるんじゃないかなというような気がしますね。

正木　農民や漁民と話していて心惹かれなかったことは一度もない。全部生活も言葉も生きているわけだ。それからいいふりはしないです。いいふりをすること自体がだいたい住民でない証拠なんだから、その中におけるもちろん矛盾もあるし滑稽な勘違いもあるけれども、その矛盾も、滑稽な勘違いも、含めて生き生きしているということが一番大事だと思う。だれがなんといっても。木下順二の「夕鶴」という芝居があるでしょう。あの中で初め与ひょうとおつうと仲よくなっていく、そのうちおつうが鶴の羽の織物を織って、それが高く売れてお金が入る、現金が入る。そうするとあれだけきれいな心であった与ひょうですか、あれがお金に対する執着ともっともうけようという欲心を起こすでしょう。欲心を起こすと与ひょうが何かしゃべってもおつうの耳には与ひょうの言葉が聞こえなくなってしまう、何言っているかわからなくなってしまう。ところが住民にしてみると、革新政党や労働組合の演説の類、あれは、しばしば、欲に目がくらみ始めた与ひょうの言葉と同じで、住民の耳には努力しても聞こえなくなってしまうんだな。一生懸命聞いて理解しようとすると、退屈なあまり眠くなってしまうというふうな性質を本質的に持っているような気がするのだけれども……。

生き方は譲れない

仲井　伊達の運動の中での漁民の位置というのはいろんな意味で大きい。ぼくら伊達に行って痛感してやまないのが、伊達の漁業権を売った伊達漁協の中でただ一人がんばっている佐々木弘《ひろむ》さん、旧料金払いまでして、あの旧料金の論理というのは実におもしろいと思う。

正木　伊達市の漁業というのは伊達漁協と有珠漁協と二つあるけれども、伊達漁協というのは漁業権を売ったわけです、北海道電力に。その中で抵抗した何十人かの仲間がいて、その中で佐々木弘という漁業者、この人は最後まで反対なわけだ。納得できないから反対なんだというのがおれの生き方なんだから、生き方は一切どんなことがあっても譲るわけにいかない。だから漁業権放棄したために、佐々木弘さんのところにも恐らく五〇〇万前後でしょうか、補償金が出ている。その受取りも拒否するわけだ。金が欲しいから反対したのじゃないし、第一、稼がないお金を身につけると、人間ダメになってしまう。ダメになるのは、俺はイヤだというのが彼氏の考え方。

それから、彼氏はおもしろいんだな、北電が二十数億金をばらまくでしょう。私らも心配したのは、金をばらまく、金を受け取る、受け取ることによって起こる情けなさは、開発計画に賛成してしまうという恐ろしさもあるけれども、それ以上に、金を受け取ることによって人心が荒廃するということ、この精神公害の方がはるかに恐ろしい。それでそれに一番地道な形で反対してびくともしないのが佐々木さんですよ。彼氏は体の大きいお酒飲みで、いい男なんだけれども、彼氏もお嫁さんいないんだけれども、彼氏ががんとして電気料値上げに反対するわけだ。だいたいおかしいじゃないか、経営が行き詰まったなんて、前からわれわれは金はばらまくなと言っている。ばらまいておいて経営行き詰まった、だから値上げする。人をなめたことを言うな。それからうんと小ちゃいことを言えば、夜間の電気料金は安い、だから電気温水器つけろと何遍も推めに来たんじゃないか、それで今度推めに来ておれが買ったら夜間の電気料金を上げている。こういうのは人をばかにした態度といえないか。それをおれに納得させろ、納得させるまではおれは電気料を払わないと彼は敢然と一人で電気料不払いをやってのけた。

仲井　それは旧料金で……。
正木　いや、旧料金って、全額払ってない。
仲井　全額不払い、日本でただ一人じゃないかな。
正木　それで全道労協が何千人かで不払いやったけれども、結局北電から差額については目をつむる。それから向こう一年間は電気料金値上げしません、値上げの時は御相談しますということで手を打ちました。ところが、佐々木さんの場合には個別の戦いだからそんなこと関係ない。社会的な反対の効果をねらっているのじゃなくして自分の生き方の表現でやっている。自分の生き方の表現としてやっていることがもし一人より二人になるともっとおもしろいことになりますが、ただ二人、三人となる量的拡大をねらうんじゃなくて、自分の生き方としてそれを主張しているということが、北電としてはどうにもできないということでしょう。

既成政治勢力とのかかわり

仲井　伊達では政党とか労働組合とか、それから外からで言えば全道労協とか、いろんな新左翼の人達も含めた共闘というか支援するグループとかがあるのだけれども、これも一貫していろいろ苦労があったわけでしょう。
正木　名前挙げてどうかと思うけれども、たとえば総評だとか革新政党だとか、何回も伊達に調査団を派遣してくれました。それはそれなりの効果はあったわけだけれども、あるとき漁業者を中心とした調査団との話し合いの席で、司会者が、きょうは東京から総評だとか社会党、共産党だとか、かなりな方がお見えになっている。だからいろいろ皆さんから御注文をいただきたい、出してくださ い、そうすればいろいろと有益なこともありましょう、というふうな話をやったのですよ。とたんに漁民から、本当におれたちが注文出して、総評だとか革新政党がおれたちの頼んでいることを実現してくれるのか、いままでずいぶん調査団来たけれども、なんともならんかったじゃないか、本当にやってくれるのかと語気鋭く詰め寄ったんだ。司会者困っちゃって、一番穏やかな漁民、実力者ですな、それにひとつ話の間をとってくれ、取りなしてくれという意味でしょう、ひとつお願いします、漁民の考えをまとめて言ってくださいと言ったときに、その漁民がじゃ申しましょうと正座して何を言うかと思ったら、正直なことを言ってわれわれ漁民は、体制の中にあって体制に食わしてもらう形で反体制を叫んでいるあなた方を信用しないんだ、いきなりそう言った。おとなしいはずの漁民が。それで本人は別に興奮してしゃべったんじゃなくて、それが当然だと思ってしゃべっているらしい口調があるからよけいに響くんだけれども、それでみんなちょっとしいんと静まりかえってかなりきつい雰囲気になったことがある。その辺がわりあいに普通の受取り方だと思う。体制の中における反体制という形でときにはきつく言うこともあるし、ときには穏やかに握手することも多分あるでしょう。われわれの目に触れないけれども、ちょうどロッキード事件と同じでかなり裏があるんじゃないかなというような感じ方がある。そういったふうな意味で言えば、ひょっとしたら革新も一貫性をもって体制の中の反体制ということに安んじているんじゃないかなという気持ちがかなりするのですよ。
　ただ、そういった革新という人たちに対する批判みたいな形で住民運動というのは全国的に起こってきていると思うのだけれども、住民運動の人たちがいままでの革新のあり方の埒外から発言するということをしたときに結構力を持つのですよ。発言は生き生きしているし、身近な具体的な問題でもってしか発言しないし、力を持つと当然無視できないわけでしょう。そうすると革新の人たちも非常に力こぶを入れて応援してくれるというありがたい事態も出てくるわけだ。それにもかかわらず住民運動を押しつぶそうとする、体制によりかかりながら住民と取り引きをしようとする、そういった、革新政党の腐敗分子は浮きぼりされてしまって除名されるということもあるわけ。結構住民運動と革新政党あるいは革新団体というものとの協力の体制というのができ上がってくるわけです。

仲井　相互浸透みたいなのはあるわけだな。

正木　ありますね。

個の動機を契機とする

仲井　ただ、ぼくは実際にいろんな各地の住民運動を見てきて、やはり住民運動というのは非常に個の動機というのを契機にして生まれてきているもので、なんだかんだと言っても結局そこにおける人間の問題とか一人一人の意思というものを抜きにしてものは決められない仕組みになっているでしょう。そうすると革新政党とか労働組合が住民運動とかかわりを持とうとすれば、その個の契機というものを大切にしない限り絶対につき合い切れないところがあると思う。

正木　その辺たとえばおもしろいと思うのは、伊達火力反対の当初にあって漁民が三人ほど役場の前で、伊達火力は漁民の生活を破壊するというので何かやれることないかというので考えたんでしょうな、突如としてテントを張ってハンガーストライキに入った。そうしたら漁業協同組合の組合長が、青年たちは純真であるとすっかり感心しちゃって、応援しなければならぬというので、その晩すぐ伊達で一番のすし屋に行ってすしの折詰一〇個買って激励に訪れた。ハンガーストライキにすしの折詰を買っていくというそのなんともいえないユーモラスな、それだけで、この人生も、仲々捨て難い所があるなというこういった愉快さがある。それをまっすぐ愉快に思うというのが本来の労働者の魂だと思う。それがなんで労働者の集まりの組合となったりあるいは政党となったりするとそういった楽しさみたいなやつが全部欠落してしまうかというところにぼくはかなり問題があるような気がする。ぼくの見方が狭いのかな。なかなかそういった愉快さというのを生かし切るような運動というものを労働組合とか政党はセットせぬというふうな気がするのです。言葉を換えて言えば官僚制みたいなものがはっきり存在しているというふうな気がしてしょうがないのですよ。

仲井　だから結局政党との関係も個人としての党員とのつき合いみたいなものでしょう、つきつめて言えば。

正木　そういう形でしか生きてない。

仲井　裁判が昭和四七年の七月ですか、起きて、まる四年になるわけですね。裁判というものは住民運動とか反公害運動にとってどういうものだろうかという反省も含めてその功罪がぼくはあるんじゃないかという気がする。差し止めとか予防という意味での環境権裁判がもたらしたある意味での全国的な普遍的な意味という問題と、それは積極的な面ですよね。それからもう一つは裁判にすべてのある意味で運動が入ってしまうことによって起きるマイナス面も常に矛盾としてあるんじゃないかという気がする。

正木　ぼくは正直言って仲井さんが環境権という概念をぼくに教え込んだからいまこんなに苦労している。本当のことを言うと大分貸しがあるような気がするんだけれども、あなたのおかげで日本で初めての環境権裁判という名誉を担っているわけで、いまは端的に言ったように、喜びの部分と憂うつな部分とあるわけ。それははっきり言ってしまえばプラスの分だけを集約して、あるいは自分たちの心根を集約して言えば、はっきり行政と企業とが全力を挙げて、日々火力建設というのは進むわけでしょう。その歯どめのためにはなんでもしなければならぬ、すわり込みもせんければならぬし、陳情もせんければならぬし傍聴もせんければならぬ、あるいは実力行動もせんければならぬ、いろいろあるわけですよ。そのなんでもせんければならぬということの一環として裁判というものを考えただけで、運動の一つですよ、はっきり。そういった基底は知っていたつもりです。

それからもう一つ、北電が最近少し進歩したかもしれぬけれども、昔は企業として愚かで、北電が愚かなものだからここまで広がったということにもなるのだけれど、たとえばわれわれが公開討論会を要求するでしょう。応じないのですよ。あるいは公開討論会を二度目に要求したときには代議士が間に入ったりして確約までして、前の日になって断ってくるというような、妙な体質がある。だから裁判にかけることによって北電と公けに討論しよう、それから北電が隠して出さない資料を裁判所の命令で出させよう、それからもう一つ、これが一番重要だと思うのだけれども、公けの席でわれわれ庶民の思いのたけを述べようということがはっきり言って主ですね。しかし、もちろん裏にはなろうことなら勝ちたいという執念はありますよ。

それからもう一つ、ぼくが全国的に起こっている裁判闘争の中でちょっと気がかりなのは、裁判闘争に収斂する形で運動自体が消滅していくというか、本来自分が言いたいことを言うというのが運動であった、自分が言いたいことを言うというやつが非常に近代的な裁判の機関というものの中に全部消えてしまって、金はかかる、それで力は失せる、なにがなんだがわけがわからなくなってくるというふうな非常に心配な傾向というのもあるかに思います。ただし、伊達の場合は必ずしもそうじゃないのですよ。

仲井　しかし、従来の裁判の常識というものを伊達の裁判とか豊前の裁判がくつがえしているという面はやはりあると思うのですよ。だから裁判の楽しさというか、そういうものはやはり、あるわけでしょう。

「場を尊重する心」

正木　全国的な事情というのは承知していませんが、知っている範囲内で感ずるのは、伊達の裁判というのはかなり普通の裁判とは雰囲気が違うのではないか、裁判所というものはまず静粛なものだという考え方があるでしょう。ところが伊達の場合にはかなり賑やかですね。まずよく笑うし、よく発言するし、一番特徴的なことはこの間、名古屋大学の吉村さんが補佐人として登場されて、そして電中研の本間さんという、四日市でも活躍した企業側の研究者と相対して一騎打があった。吉村さんという人はいい人で、とことんまで相手を苛め抜くというのではなく、やさしい心で相手をいたわりながら、相手の間違いを正すという態度なんです。これがまた住民には気に入るんですね。だからもう圧倒的な支持で、結果としては電中研の研究者としては第一人者、実力者といわれている本間さんが、しばしば答弁できなくなったり、逃げの発言をしたり、ゴマかしたりするわけです。吉村さんは天井をみつめて腕を組んで困っちゃった。という素振りをする。そうすると原告席がだまっていない。わんわん声をあげる。そうすると裁判長が「静かに」「あんまり騒ぐと退廷を命ずることもある」というんです。すると漁民が「それはわかるが、本間さんが逃げの答弁ばかりしている。それをなんとかしてくれ」といきなり原告席からいうわけです。本間さんが頭をかかえて沈黙するでしょう。そうするとそうでなくても声の大きい漁民が「どうだ参ったろう」というわけです。三人の謹厳な裁判官までが思わず吹き出す――というようなことがある。こういう裁判の雰囲気というのは他にはぁまりないいんじゃぁないかな。

それからまだぁる。本間さんがだんだん吉村さんに問いつめられて声が小さくなってくる。そうしたら、たとえば豊浦の、ステキな奥さんが「裁判長！」と声を出して手をぁげる。裁判長は眼鏡をずり上げながら「なんでしょうか」と聞くわけです。するとその奥さんが「裁判長、本間証人はだんだん声が小さくなって聞こえなくなりました。もっと大きい声を出すように注意してちょうだい」。そうすると裁判長が「証人はもっと大きい声を出すように」と注意したりする。こういった愉快さというのはぁるわけです。

仲井　しかし運動の内部には、常に裁判否定という気持ちも相当につよいものがぁるでしょう。それがいろいろの形でぁらわれてきている面がぁると思う。

正木　そういうことと関連して正直いって気になるのは、例えば法廷では関係者というのはかなり出入に気を使っているでしょう。これは非常に良くないことだと思う。残念ながら反体制といわれている人たちのなかには必要以上どたばたという調子で、これは非常に良くないことだと思う。なんというか、人間としての当然の「場」を尊重するという心がなければ、なんで伊達に、場に似合わない赤・白まんだらの煙突を立てて自然を破壊するのか、という我々の主張を強めることになりますか。そういうことは、自分達がもっと考えなくてはならないことだと思うんです。また、裁判所の控室というのがぁるが、被告も原告もいっしょなんです。そこに我々の支援者の若い母親が子供を連れて来て、子供が異様に静まりかえった雰囲気に耐えかねたのか「お母さんここは一体なにするところ」と聞いた。そしたらその母親が「ここはね、強きを助け、弱きをくじくところ」と教えた。子供はぽかんとしていたけれど支援の若い人達がどっと実に愉快そうに笑うんだな。ところが僕には笑えない何かが残る。ちょうど京都の旭ケ岡中学事件というのがあって、東京への修学旅行の国会議事堂の説明で、「この中には猿にもっとも近い人間が右往左往している、動物園のようなところです」といった説明があり、それを革新的なジャーナリストや学者達が、非常にユーモラスな卓抜な修学旅行の栞であると誉めた。それを僕が知っている限りでは臼井吉見だけが、「なにを愚劣な」と言って否定した。あれから二〇年くらい経つが、僕は臼井吉見だけが本当の事を言ったと思う。常識的なことだけどきちんとしたことを言った。僕は妙なエキセントリックなやり方は長持ちしないと思う。長持ちしないことに命をかけるために運動があるわけではないという気がする。本当に裁判の功罪というのは無限ですよね。人間の生きるということと同じようにプラスもあるしマイナスもある。その中でいい芽を大事にして行くということしかない。しかし、裁判を支えるというのは大変です。

仲井　結びとしてなにか。

正木　この間千葉のパイプライン反対運動の人達が伊達のパイプライン反対の札幌集会に来られて、その中でいろんな発言をした時に、伊達の人達が、「私らは今まで伊達火力反対で実力闘争しかして来なかったし、これからも実力闘争しかないし、とにかく頑張ります」としゃべった。拍手喝采です。その言葉を受けて千葉のパイプラインの人達が「実力闘争しかして来なかったという話を聞いて脅威を感ずる。千葉のパイプライン反対運動というのは、ずい分成功しているようだけど実のことをいうと、非常に弱気な人達の集まりなのだ。おとなしい、勇気のない、ただ私がはっきりいえることは勇気のない人達も、勇気のないという形を認識して運動というものはできるものだと、そういうふうにいま思っている」とそういうんです。

僕は両方ともに心惹かれる。頑張るものは頑張るし、勇気のないものは勇気のないなりに自分というものを通すということ。これがかなり重要なことではないかなという気がする。

「勢い」だとか「雰囲気」だとかに巻きこまれず、自分という人間の考えで、判断し、甘えず、しんみり生きることが、ひょっとしてかすかに一筋の光明をもたらすかもしらんと、そんなふうに思います。

6 農村社会のわたしと住民運動

―ひとりの女の歩みから―

北山郁子

わたしの中のふるさと

昭和四七年一一月、福井県の三国町でひらかれた「反公害住民運動シンポジウム」に出席するために、愛知県からきた私は、火力発電所の建設に反対して、環境権訴訟を起こしている北海道の漁民二人と、富山市の喘息患者の会のI氏宅で、富山火力が増設されてから喘息が悪くなって一一歳の女の子を亡くしたお父さんや、喘息患者のIさんの奥さんの話を聞いていた。

現在私の住んでいる渥美半島にも火力発電所があり、医師の立場から、公害問題にとりくみ、増設に反対している私は、この富山市が生まれ故郷であった。

幼いころ、墓参りや盆踊りを見にきたこのむらは、いま目の前に、富山火力の高い煙突から吐き出される煙が、北陸特有の低い雲の下にまっ黒いかたまりをつくって、田圃や家々の上を覆っていた。温排水が湯気をあげて流れる上に手をかざし、泡立って注ぐ海を見たとき、有珠漁協の二人は「ワァー、こんなの海じゃネエー」と言った。

なれないところへきた二人の緊張もとけて、ようやく笑顔を見せはじめたころ、革新政党の幹部の一人が入ってきて、いきなり漁民に言った。

「なんということをしてくれた。環境権訴訟などは時期尚早だ。いったい負けたらどうしてくれるんだ。全国の住民運動が迷惑する。革新政党や弁護士の幅広い結束がなくて、何が出来る――。」

だいぶ酔っているようであった。お酒をのめない二人は蒼ざめながら、

「どうしても、漁を守るためには、もうこの手だてしかなかった。――」とけんめいに弁明したが、耳をかさない幹部と、その間に入って気をつかっているIさんに遠慮して、若い漁民は鬱憤をおさえて押しだまってしまった。

一カ月ほど前、私は札幌でひらかれた公衆衛生学会のかえり、思いがけず有珠を訪れることになった。ホタテ、ウニ、ワカメの養殖が盛んで、壮年や若者の漁業者が活気につつまれて働いている噴火湾の、澄み切った海の底は、もう私の住む愛知県の渥美の海辺では見られなかった。

白い歯をみせて明るく笑う漁民たち――。火力発電所が操業したら、ようやく順調になってきたこの養殖漁業は大きな打撃をうける。息子や夫がまじめに働けるこの生活をなんとしても守りたい、と語ったおかみさんたちの熱意が、自分のふるさとはすでに汚されてしまった私の心をいっそう熱くし

た。こうした住民のこころと、あまりにもかけ離れた視点から運動を批判している政党の主張が、私にはかなしかった。

その夜、父の家に泊った私の思いは複雑だった。昭和一四年、日本が戦争に突入しようとしていた時代に、富山市内の小学校を終えようとしていた私は、世の中を暗く思いつめていた。不況のはげしい大正の末期、私が生まれた富山県下は小作争議が相次いだ。その小作争議を指導して農民運動をやってきた父は、一二人の兄弟姉妹の長男であったが、収入の道がほとんどなかった。その貧乏の中で、飯炊きや行商をしたりしながら、祖母の苦労はたえまなかった。

北海道の比較的裕福な家から嫁にきていた母は、人の心の裏を考えることができないおっとりした性質で、それがまた、苦労性の祖母の気に入らず、年中祖母と口うるさい叔母たちから悪口を言われていた。いつまでも子供のようなところのあった母が、ふと一輪の花を買ったりすると、娘の婚家先からの借金がいつも念頭をはなれない祖母の激怒をかったりした。私と、すぐ上の兄とは、そうしたとき、暗い部屋の片すみで、お互いに涙をかくし合った。

成長するにつれて私は、小言を言われながらもいつもおとなしい母に反発し、気みじかな叔母たちの言い争いのたえない家の中で、周囲と次第に口をきかなくなった。そのころ、一人の青年が、私のかたくなな心を揺すぶりはじめた。自分の思っていることを話すように、または作文に書くようにと言った。

私はそれが嫌だった。家の中の不和がはずかしかった。なによりも、押しころしている母への気持を素直にみつめることは、苦痛だった。しかし彼は根気よくたくさんの本を持ってきて、私にすすめた。それらの文学書の中で、私ははじめて、世の中はもっとすばらしく、今まで思いつめていたような狭いものではないことを知っていった。

一年たち、二年たちして、心をひらいていった私に、彼は、「学問を愛し、芸術を愛しそして何よりも人間を愛する人に」なるようにと言いつづけた。彼は共産党員だった。

「人を倖せにする人になって下さい」と彼は言った。立山連峯が、雲の低い日には、ひどくまじかに見えたりした。思春期に入りかけていた多感な少女時代であった。

周囲の貧しさの中で、愛情に飢えていた少女の頃のけんめいな思いがよみがえってきて、今夜はねむれないでいるだろう二人の漁師の心を思って、涙があとからあとから流れ出た。

はじめて来た農村で

昭和二四年一二月、西風の吹きつける夜、豊橋から乗ったバスは、洗濯板のような渥美半島の国道を一時間半も走りつづけ、ようやく半島の先端に近いむらの診療所に着いた。夫が学生時代に働いていたことのあるこの診療所は、昼も夜もうらの川をわたってくる冷たい風が、ガタガタとガラス戸を鳴らす外は、もの音ひとつ聞こえない。まっくろにすすけた天井から、掌をひろげたようなくもが、壁をつたって降りてくる。

農繁期になると、深夜、ひきつけた子供をかかえて、半狂乱の母親がとびこんできた。夜おそくまで畑からかえれない親を待ちかねて、幼い子供は煮豆やビワを腹いっぱいたべて消化不良を起こし、疲れ切った親たちが気づかずねむりこけている夜ふけに、中毒症状を起こしてしまうのである。この辺では「はやて」といった。こうして、毎年のように幼いいのちがうばわれていた。

こうした明け暮れの中で、つづけて二人の子供を生み、なれない家事と育児に疲れ切った私は、夫の手だすけだけでなく、自分も一人前に仕事をしたいという気持をおさえかねて、いらいらしていた。むらはよそものに対し好奇心がつよく、家の中のことはすべて知れわたってしまう。「先生はいい人だが、あの奥さんはなんだ――」と、わざと聞こえるように噂をする。

一定の噂をつくりあげると、みんなは同じ目でみた。一人の人間としてではなく、奥さんとしてしか人々は接しない。友達がほしいというと、夫は、オレがいるじゃないかと言った。しかし、こうした気持を我慢して、夫を支えるのが自分の愛情だと思い込み、けんめいになっている間に、自分自身がからっぽのようになっていった。やせて、光を失った眼は、笑顔をみせることもほとんどなくなった。

渥美町の中でも開放的な気風の半島の先端と違って、ここはおとなしいが封建的で、区長の命令は絶対であった。寄付金の額から、町会議員の選挙は誰に入れよということまでよそものはものを言うことが出来なかった。毎朝うすぐらいうちから、部落の有線放送は、野菜の値段から煙草組合の旅行の計画、消防団の行事など、延々と一、二時間にわたって声をはりあげる。夜なかの電話や赤ん坊に起こされてイライラしている私が、たまりかねて区長に文句を言おうとすると、まわりからとめられてしまう。毎月一回の集金日には、税金を持ってゆかない家の名前が空から呼びたてられる。だから、滞納はなく、表彰されていた。

戦後の新しい息吹きの中で、少女時代の思いから素直に党を信じていた私は、学園民主化運動をやって、共産党へ入っていた。が、誰とも親しみやすく、明るく活動していた。まだ、分裂や火焔瓶闘争などの共産党の暗黒時代に入らない前だった。そして、医師としての地道な活動をしたいと、夫についてここへ来たときには、「農村医療」をやろうという意欲が強かった。しかし、根のないよそものがたやすくうけ入れられるはずもなく、特殊な目で見られ、若い人たちを集めてコーラスなどをやったりするだけで、何もできはしなかった。

同じ渥美町に、作家の杉浦明平氏を中心とする共産党細胞が活躍していた。零細な漁民から、ノリ養殖に絡む不正な金を長年横領してきたボスを摘発したり、営々と開拓してきた土地を米軍の試射場に接収されようとして阻止し、町ぐるみの反対に立ち上がらせたり、農村の不景気の中で、自分たちの報酬値上げを強行しようとした町長のリコール運動を起こしたりして、農民に着実な支持をえていた。なかでも、Kの活動はめざましかった。

夫は忙しい診療を終えてから、数キロ離れた明平さんの細胞会議に出かけていた。

昭和三〇年、診療所は従業員もふえ、彼らは党員となった。従業員と同居し、プライバシーの求められない生活の中で、けんめいになればなるほど、家の中の些細なことや子供のことなどで、従業員との間はうまくゆかず、ごたごたしていた。幼いころ、親子だけの暮しをしたいとねがった思いが、無意識に残っていたのかもしれない。

母は、そうした暮しの中でこずかれながらも、人を信じる明るさを失わなかった。そのことのすばらしさに気づくのはずっとあとであって、私自身は周囲の人間関係がうまくゆかず、神経質になっていた。

私たちのむらと違って、明平さんやKたちの細胞会議はいつも楽天的な雰囲気があったが、正義感の強い明平さんを中心に、農民のために闘う自己にきびしい資質が当然のように要求されていたから、農村の中でどのように自己を生かしていいかに悩む都会育ちの女の立場などは、プチブル的な悩みにすぎなかった。

その後、六全協のあと、人間性をとりもどそうとする動きがはじまり、党内には私生活へ目を向ける自己批判が盛んになった。そのなかで私は、従業員の批判のマトになった。こうなると、かえって人間関係はおかしくなってしまう。

多分にこのむらの気風も影響していたのであろう。細かいあらさがしは、むしろ陰惨な感じでエスカレートしていった。本人の居ない会議でつるしあげ、それを明平さんの細胞会議に持ってゆく。そこで、夫を通して勧告するという形がつづいた。

明平さんの医者と坊主嫌いは有名で、医者の悪口を言うときは眼が輝き出す。明平さんの底にあるやさしさは、とくに下のものに対する差別には敏感であったので、私の従業員に対する態度は、彼の正義感からも許せないものであったであろう。結果は、かえって自分自身を萎縮させることで私の人間関係は孤立し、わるくなっていった。人間が人間として向き合って、じっくり話し合うところから出発する、個人を尊重する考え方とは根本的に違っていたから、それはむしろ当然であったといえよう。

正義感は往々にして一人の人間の人間らしさを押しつぶすことがある。あるときは、「除名に値する」と言われて夫はふきげんにかえってきた。もうもめごとは起こさんでくれというのが、夫の正直な気持であったろう。

夫の理解だけは、――と思っていた自分に、それも失われたように感じたとき、私はもうこのむらのすべてから心を閉ざしてしまった。ほんとうに冷たい冬であった。

昭和三一年が明け、北風の中に、陽にきらめいて遠くに光る枯枝が美しかった。このむらにきて六年の間、ほとんど自然を見るゆとりを持たなかったことに気づいた。昨日とはまったく違った輝かしさをもって、自然が心に泌みた。遠くまでかすむように萌黄いろの葉が生えている浜辺に立って、いつかこのむらを出よう、子供らが小学校を出たら、中学を出たら、と思いつづけていた。

精神的にひとりになってみると、自分自身を荒廃させていったものがはっきりとみえてきた。夫がいないと数時間さえ耐えがたかった六年間は、まるで自分とかかわりのなかったことのように思われた。すべてを犠牲にして大切にしてきたと思った愛情のあり方が自分を荒廃させていたことに気づき、そのことから血みどろになって自立してゆくよりほかに、出口はなかった。

こうして私の女としての精神的な自立がはじまった。その後十数年にわたる長い年月の間に、農業のかたちも、町の暮し方も大きく変わっていった。渥美半島は蔬菜園芸の先進地となり、見わたすかぎりひろがるキャベツ畑は、はげしい値の変動で、農家の経済を左右した。温室が建ちならび、現金収入を追いかけて、メロン、トマト、スイカ、電照菊など年中いそがしくつくられている。

自分ひとりのカラから容易にぬけ出せないでいた私は、産婦人科を自分が主となってつづけてきた間に、かつて自分を苦しめてきたことが、自分だけでなく、女ひとりひとりの問題であることを、ようやく客観的に感じることができるようになった。

農村では、年齢の低い女たちの発言権はほとんどない。家庭に入り、子供を産み、どうしていいかわからずに孤立している女たちには、そうしたことをはっきり口に出して言える機会はあまりに少なかったのである。

あるとき、農家のおかみさんたちと座談会を持った。終わりそうになってから、ためらいがちにひとりひとりが自分のからだのなやみを訴え始めた。一〇年二〇年と心の底に秘めてきたことを始めて話すという感じで、三〇人ぐらいであったが、今までにない真剣な、異様な雰囲気につつまれた。

女は心にうけたものがからだにきざみこまれ、自分のからだにうけてきたものがこころの悩みとひとつになって、分けることのできない状態におかれている。まだ容易に自分のからだの主人公に、自分がなり得ないでいる。

そのことを私は次第に考えはじめるようになった。しかし、私もまた農村の中で、あたりまえのことをあたりまえに言えない思いにいつも内攻していた。

私の心が党をはなれたあとも、渥美細胞は明平さんとKと私の夫と三人の町議を出し、ユニークな活動をつづけていたが、党上級と相容れず、六〇年安保ののち、集団脱党してしまった。明平さんの共産党への批判は、少なからず彼自身のかつての思想や行動にも向けられるもののように私は思った。私の心の底には、党に対する少女時代の人間らしいイメージがまだ残っていた。

細胞を解散してしまってからは、明平さんは著作に専念し、仲間たちもだんだん集まることが少なくなり、町政のことはKにまかせるかたちが多くなった。

最高点で町議に出て、明平さんやKと一緒に活躍した夫は、ほんとうは根っからのお医者さんタイプで、政治運動は性に合わなかったので、細胞が解散し、てんでんばらばらになると、すっかり自分のペースにもどって、好きなつりをしたり、ぢいさんばぁさんを相手に診察室で冗談を言っていた。つりがだめになると、のちにゴルフに熱中しはじめた。

すぐれた政治感覚を持ち、親しみやすい率直な笑顔で人の心をとらえるKは、町議会の副議長となり、町政に大きな発言力を持ち、若い党員だったMが始めて町議となったころ、渥美町に中部電力が進出をはじめた。それには、町の発展のために、観光開発や工業開発を進めようとしたKの意見が大きく働いたと言われる。

農民と密着した活動をしてきたKにとっては、こうした自治への積極的な姿勢こそがこれからの農村に必要であると信じていたのであろう。それに開発指向というものは、当時のどの革新政党の中にも見られた。

その後、県議になったＫに明平さんはしばしば鋭い批判をあびせたが、それにはどこか深い痛みがこめられていた。

あたりまえのことをあたりまえに言いたい

昭和四五年春、中部電力は渥美火力一、二号機の建設中に三、四号機の増設を町に申し入れた。

その頃県議となっていたＫは、増設には反対の態度をとっていたが、火力の問題では表面に出ようとはしなかった。火力の建設地の地元から町議として出ていた旧細胞のＭは、正義感が強く、生一本で、多くの賛成派議員の中で、ただ一人増設に反対していた。日夜をわかたぬ中電の建設工事がはじまってから、小中山部落の被害は大きく、畑へゆく道はこわされ、泥水をかぶせられ、抗議をしてもまったく誠意がなかった。

『渥美には、中電という大きな金持がくるんだ、あんた方はこの金持がくるということで、つまりおこぼれがあるということじゃないか。だから、喜んで迎えてもらわなきゃ困る』という中電のいい方に、部落の反発が深まっていった。三号機の増設計画が国の電源開発調整審議会を通りながら、六年間の間、現在も着工できないでいるのは、こうした小中山部落の反感が大きな基盤になっている。

同じ部落に中電派一番のボス町議が居り、こうしたむらの中の権力に対し、ひとつひとつを通して

「ケンカ」すること、これが増設反対運動の土台だとM町議は言った。しかし、町内には公害への関心はうすく、小中山部落の反発だけが支えのようになっていた。

「三里塚のようにならないだろうか――」と地元の農民は言った。

こうしたなかで、四五年の秋に向かい、一、二号機の煙突は完成に近づいていた。私は不安だった。地区労は尾鷲を視察して、公害に不満をもらす住民の声をテープにおさめてきた。私たちの診療所へ毎日通ってくる喘息の病人や、幼い子供たちは困らないだろうか。M町議と小中山部落だけにまかせておいていいのだろうか。

渥美町に住む人間の一人として、私も火力の問題にかかわりを持ちたかった。誰か、火力公害について くわしく教えてくれる人はないだろうか。そのあせりの中で、沼津の西岡昭夫先生にめぐりあった私は、はげしい衝撃をうけた。

四五年一〇月六日夜、公民館に集まった町の人々は、初めて火力公害のなまなましいスライドに目をうばわれて、二時間余、席を立つものもなかった。次の日、建設中の火力を熱心に視察し、伊良湖に沈む夕日を見た。西岡先生は、

「渥美半島はなんという夕日のすばらしいところでしょう」と感歎した。六年前の三島沼津の反石油コンビナート闘争に始まった西岡先生の反公害への思いが、この日、この渥美に向かって熱く注ぎこまれたのではなかろうか。

すでに六年も前に、すぐとなりの静岡県で、住民が石油コンビナートや火力発電所の公害に反対し

ていたことを私はまったく知らなかったのである。十数年間、自分だけの殻の中に閉じこもって過ごした長い年月に、自分の失ったものの大きさが私をゆすぶりはじめた。

西岡先生の話しぶりは初めての人もひきつけてしまう。人を信頼し、心をひらいて話しかける。――それがいきなりできる人に、私は長い間会わなかったような気がした。それからの私は、自分がまず知りたかった。多くの専門家を呼び、講演を聞き、四日市や尾鷲へ行って自分の目で見、スライドに写し、むらの婦人会や、老人クラブや町の青年会などを通して、また地区労や仲間の家にも持っていった。

こうして「渥美の公害勉強会」がはじまった。旧細胞の革新グループと違って、農民に根のない私には、西岡先生のやり方しか、医師として、女としての立場から、公害を訴え、人々との共感をわかち合うてだてはないのだった。

百回にもなったスライドや座談会で、私は夢中になって人々のコミュニケーションに自分を投げ出していった。それは、二〇年間、「あたりまえのことを、あたりまえに言いたかった」願いを、心の底に押しやってきた長い年月ののちに、ようやく私自身が持つことのできた人間的なふれ合いだ。

私をしゃにむにかりたてたのは、「公害という悪とたたかうため」でもなく、「ヒューマニズム」でもなく、「わが愛する町を守るため」でもなかった。あたりまえのことをあたりまえに言いたい、――それだけの、私の心の底からの思いだったのである。

農民は自分の目でたしかめるまでは、本当には公害を信じない。しかし、私の思いが婦人や老人や青年たちの中に意外に深くうけとめられていたことを知ったのは、三年後全町に増設反対の署名運動を行なったときであった。

勉強会から行動の会へ

もと軍医だったK医師は、医師会の公害対策委員長で、住民からも、医師の間にも信望が厚かった。渥美町の亜硫酸ガス濃度が、火力操業以前から、豊橋よりも高かったことを警告し、医師の立場で早くから増設に批判的だった。

はじめて入った役場のテレメーターは、四六年一月、二月にしばしば高濃度の亜硫酸ガスのピークを示し、私たちはその変化の激しい、ノコギリ状のグラフをスライドや機関紙にうつし、四日市磯津の大気汚染と比較した。それらのデータは知識人である医師たちに率直にうけ入れられ、町民の健康を守る立場から、四六年四月、渥美町の医師、歯科医師全員は、増設反対の声明を出した。

これが、この町で初めての大きな増設反対の意志となり、その後ずっと渥美町の火力増設反対の底力となった。

四六年一二月、住民による気象調査を行なったとき、K医師はカンパ帳に最初に一万円と書き、渥美町の医師、歯科医師全部の先生方にもれなくお願いして回るように、と忠告された。私は回りながら、それぞれの医師たちの心を暖かくうけとめることができ、また、すべての人々にわかってもらえるような、地道な調査や資料づくりがその支持の根底にあることを改めて感じた。

　この気象調査と温排水調査は、勉強会がはじまってからの一つの目標でもあった。西岡先生の熱意に、私もいつか夢中になってゆき、まちの農業青年A君らを中心に、青年会、地区労が協力して、全町をくまなく行なった。

　当時二期目の県議に落選したKは、こうした科学的な調査や勉強会の大切さを最も認識していた一人であろう。Kの影響をうけていた農業青年たちが主になって、調査を行なうことができたのである。この時、深夜、逆転層で横にたなびいている火力の排煙をカメラでキャッチして、中電の高煙突無公害の理論をくつがえすこともできた。これは、のちに一冊の報告書にまとめられ、私たちの町や県ばかりでなく、全国的にひろがった。

　この調査と報告書づくりの中で、具体的に他の地域の住民運動や、学生、専門家たちが協力し合う形を通じて、私たちは各地の運動との連帯の必要を感じ始めていた。

　住民が努力をすれば、企業の科学よりも一歩先を行くこともできる自信を、あらためて私は持った。しかし、農民にとっては、勉強会や調査はなじみがうすい。私は町議のMに、よく百姓の生活を知らんでやる、と文句を言われる。しかし、のちに四八年全町のキャベツにすすがふったとき、農民たちは公害防止協定というものがまったくなんの役にも立たないものであることを体験的に知り、勉強会の資料を活用して、企業や町を追求した。渥美の住民運動の力強さは、こうした農民たちが主体となり、それを支えて、勉強会や医師会の活動があるという、基本的なところであろう。

こうした調査活動が若い農民たちに与えた影響は大きかったようである。四六年一一月、町がその内容を公表もせず、論議もつくさずに協定を結ぼうとした日、町長室に押しかけた地区労の労働者にまじって、とりわけ農業青年たちの姿が目をひいた。

「……このままの内容で結ばれたのでは、絶対に町民の健康を守れないと思いますから、医師としての立場においても、町長さんとさし向かいで、夜中になっても坐り込んで、結んでいただかないようにお願いするつもりで来て居ります。」と、私は彼らとともに坐り込んだ。

この日の行動を通じて、勉強会だけでなく、行動の会を、という要望から、「渥美火力公害反対住民の会」が生まれ、私はようやくほっとひといきついた。

運動のなかの女

昭和四九年秋の二カ月間、この町をまきこんだ増設反対署名運動の激しいエネルギーは、いったいどこから出てきたのだろうか。町民のあらゆる階層の人たちや、町内の革新政党の人たちが、それぞれ表面に立ち、それぞれの立場を生かして、有権者一万六〇〇〇の町で、一万人に近い署名を集めて、圧倒的な町民の増設反対の意志をつきつけた。組織らしい組織が一向にできず、持続的な集まりも持たれていない中でこうした運動の実体は、いったいどこにあったのだろう。

地元の小中山部落は、むかし、シケになると、岩場にわざとかがり火をたき、伊良湖水道を通る船を難破させて、金品を奪い、それで娘を嫁に出すことができた、その海賊の血が流れている、とMはよく語った。この町の反権力の気風は、城下町である渡辺崋山のいたとなりの町とは違っている、と明平さんはよく言った。

かつて明平さんやKたちの活躍した共産党渥美細胞が、農民の生活の中のひとつひとつから、権力に対する闘いをやってきたことの下地が、今も根強く生きていて、それがあるときには、得体の知れないようなエネルギーとなっていることを私も感じた。

それは、その人々の活動がすぐれて英雄的であったからというよりは、それらの人たちの生きざまが、人々に影響を与えていたといえるのではなかろうか。

私のむらは、町長のおひざもとであったので、署名は半分もとれまいと思われていたが、八割近い署名を集めることができたのは、夫の影響が大きかった。長い年月、医師会や患者たちのなかで持ってきた夫の人間関係というものは、私の及びもつかないものがあった。好きなことには子供のように夢中になる夫は、むかし潮どきになると、よく釣竿をかついで患者から逃げ出した。

ゴルフをはじめると、また熱中してしまって、明平さんや旧細胞の仲間たちを嘆かせた。注射や多くの薬を与えることはなるべくしないで、患者のやさしい相談相手になってやる、そうした態度に、何よりもすぐれた夫の本来の生き方を私は見てきた。

しかし、昔のように住民の先頭に立つ活動を夫に期待する気持が旧細胞の仲間たちにあったのであろう。「女房にばかりやらせて……」ということばとなってしばしば投げかけられた。二〇年前、同じようなことばに、呪文のように閉じこめられていたころの私を忘れることができない。

幼いころ、家の不和に涙をこぼした下の兄は、学徒動員で戦病死したが、大人たちに反抗して口をきかなかった私と違って、祖母や叔母たちにもやさしく、家中を笑わせるような心づかいをいつも示した。私の夫と同年であった。

私は夫の中の、兄と似た庶民的なやさしさが好きであった。

他人よりもまず自分自身に反省を求めてしまう夫が、そうした男の自尊心をたたきのめすことばの裏にあるものに傷ついてゆくのを、じっと見守っていなければならなかった数カ月ののち、私の心の中に一つの居直りが生まれた。

もう遠慮することはすまい。むしろ、女としての自分を押し出してゆこう。そのためには、自分が居直るしかない。そして、十数年前、いつかこの町を去ろうと考えた気持を、このときから、心の中から追い出そうとしていた。

四日市判決後、九つの電力会社が連帯を深めて、住民運動に対抗し、国家権力が挺入れをしようとしてきた動きに対応して、住民運動を闘っているものがお互いに知恵を出し合い、体験を深めてゆこうと呼びかけた私たちのところで、第一回の「火力公害に反対する全国住民運動交流集会」が持たれ、第三回目が、強制着工で逮捕者が続出している北海道伊達で開かれた。

有珠で持たれた「母ちゃんパワー」の分科会は、全電通の若い娘さんの、この着工阻止で逮捕者を出している漁村の女たちは、どのように生活し、どのように闘いにかかわっているのかを知りたい、という問いかけからはじまった。

おべんとうづくりに追われて、昼の集会にお母さんたちがほとんど出てこれない、そういう女にばかり雑用の負担がかかっていることに対して、ちょっと不満があるんです、と若い彼女は率直にのべた。べんとうづくりから、全国から来た民宿に泊る人たちの夕食の仕度、子供らの食事、交流会の仕度、ほんとうに彼女らはへとへとなのだった。

数人しか集まらないのを気にして、呼びにいきながら、会長のTさんは、「昼間、私らもこうしてべんとうづくりよりも、出席して勉強したいねって言ってたんよ」と私に話したばかりだった。外から来たものが、こんな負担を、闘いのさなかにある地元の女たちにしわ寄せする。私は言葉を失った。

集まったものひとりひとりが、自分の身銭を切り、自分の手べんとうで、そして自分たちひとりひとりが主催者で、という意味で始まった全国集会であったことをかみしめねばならなかった。この集会を成功させたいという運動への熱意から、こうして一生懸命かげの雑用をはたしてくれた有珠のお母さんたちの気持が痛いほど感じられて、私は何も言えなかった。

不当逮捕の抗議集会のあと、伊達警察署へ抗議文を持ってゆく代表に私も加わった。地元の労組や漁民の代表の抗議に、次長は肩をいからして、公害問題は関係がない、法律にのっとって逮捕しているのだから、これからもどしどし逮捕する、とどなりつけるように威嚇して、平静に話をしようともしない態度に私は驚いた。しかも、漁民を呼びすてにするのである。

さらに警備課長は、この抗議文はうけとれないという。平行線のやりとりがつづき、そのずれは公害問題に対する見解の差ではないことに私は気づいていった。人間としての言葉がまったく通じ合わない、もっと根本的なところにあった。

「本当に血の通った住民のための警察なら、住民の批判を聞くのが当然じゃないですか。署長にもってきた抗議文を下級の警備課長が握りつぶして、よく職務がつとまりますね。」と憤りを抑えかねて私は言った。

「さっきから聞いていると、地元の人に対するその態度はなんですか。そんな態度では、住民の側を向いていないことははっきりしています。反省しなさい。」ときめつけると、丸い目をますます丸くして、頰をふくらませた次長は、「私は絶対に反省しません。」と答えた。

このことを話したとき、女たちはうれしそうに笑った。住民をあたりまえの人間として扱わないということの本質をぬきにしては、公害問題は素通りしてしまうのではなかろうか。

強行着工のあと、有珠は逮捕者や家宅捜索がつづいた。一人の主婦が私に語ってくれた。

「……ちょっとした日記のようなものつけてたんですが、あいつらにさわられたくなかったものですから、ビニールの袋に入れて、茶わんカゴの底が二重になっているところへ入れて、無意識に茶わんを洗っていましたものね」

こころを守るために、女はなんというこまやかで強靭な智恵を、持つことができるのだろうか。

人間をほんとうに大切にする原点――そこまで掘りさげた運動が今一番必要であり、それが理屈でなく闘えるのは女ではなかろうかと、私は思っている。

7 紐帯と連帯

―〝住民〟と〝市民〟を架橋するもの―

中村紀一

はしがき

本稿は私達がここ七年ほど続けてきている反国道公害運動の過程で生まれた一つの考え方、住民の〈紐帯〉と市民の〈連帯〉について述べようとするものである。これらの考え方は運動体験を通じて、いわば実感の中から出てきたものであり、もとより精緻な理論体系などなしてはいない。ここではできるだけわかりやすく紐帯と連帯の運動においてもつ意味を伝えたいと思う。そしてそのためには、私達の住民運動について記すことから始めねばならない。

反国道公害運動を始めて

私達が横浜市磯子区の国道一六号線で「国道公害」(幹線道路を通過する自動車がもたらす騒音、振動、排ガスによる沿道住民の生活環境破壊)を少しでも緩和させようと小さな運動を始めたのは一九六九年一一月のことである。それ以前から交通量のはげしかったこの道路は、当時たまたま周辺道路の工事が重なり、一時期急激にその通過量を増した。壁、床、天井に五〇ミリの防音材をめぐらし二重サッシの防音窓を取りつけた我が家も、すさまじい騒音、振動の前にまったくなすすべを失った。

たまりかねた私の妻は市長に手紙を書いた。

「私は……今の住まいに移って一ヵ月になる二五歳の主婦です。……生家は世田ケ谷の住宅街で、家の中にいて車の騒音や振動に驚かされたことはありませんでした。ここに来てこれが人々の日々生活を営む住居かと思うほどに毎日二四時間絶えることのない騒音と振動が続いています。それも日を追って音と振動は増すばかり、ここ二、三日は道のへこんだところにひっかかるらしくドシーンという大音響に驚かされどうしです。問題は個人のレベルをはるかに越えています。そこでいくつかの提案があります。……①交通量及び騒音の調査を長期にわたって実施すること。まず実数を数的に把握して下さい。……」。

こうして私達の運動は「国道公害」の現実を資料として明らかにすることから出発した。横浜市に騒音、振動、排ガスの測定を依頼し、それと並行して私達沿道住民が「国道公害」をどのように感じているか五〇〇世帯に「アンケート葉書」を送付した。私達は両親と四人で国道一六号線公害対策研究会という組織をつくり、この問題と長期に取り組む決意を固めた。

七〇年六月、横浜市が測定した結果とアンケート調査が出そろった時点で、私達は住民集会を開こうとした。測定を担当した横浜市公害センター助川信彦所長は私達の住む地域を「あそこは横浜でも最も運動の起こりにくい所だ」と語っていたが、他方、企画調整局鳴海正泰氏からは「いつまでも研究会ということもないだろう。協議会に変えてみたらどうだ」との助言を受けていた。＜数＞を頼みとする「住民」運動の常識からすればおそらくその通りであろう。この月の初めに新宿区牛込柳町の鉛害が問題化し、マスコミは連日その報道に明け暮れしていた。しかも、アンケート回答者の中には、すぐにでも運動を始めよう、協力は惜しまないとの声もチラホラ見られる。頃もよし、六月一三日、私達は「国道公害について話し合う会」を開催し、研究会を協議会にしようと考えた。その時の様子を『国道公害白書一九七〇年』（一九七〇年一二月）はつぎのように伝えている。

「六月一三日、〝国道公害について話し合う会〟開催。出席者横浜市公害センター所長助川信彦氏、近所のKさん。公害対策研究会三名それに新聞記者数名。研究会の経過報告、討論ともにいかにもさびしいものであった。私たち研究会としては、集会の通知を出した人々に事前に電話連絡もしてみたし、なかには直接訪ねていって出席を依頼したりもした。だが、私たちの小さな努力も、マスコミの公害大キャンペーンも沿道住民を実際に動かす力とはならなかった。公害反対の運動を進んでやりたいと回答した住民も、いざ集会となると、出席を躊躇してしまう現実がそこにあった。顔見知りの住民同士の紐帯はあっても、共通の課題と取り組んでいく市民的連帯はいまだ生まれていない。……公害対策研究会はついに協議会にならなかった。私たち沿道住民の力はまだまだ、国道公害を自分たちの問題として受けとめ、それを解決するための主体的な組織を生み出すには、ひよわであった」(傍点は原文)。

研究会はその後、顔見知りの近所約二〇世帯に「国道公害ニュース」を回覧し、深刻な事態を知らせる一方、新聞への投稿を通じて世論に訴えるなど「実力(power)よりも影響力(influence)を」重視する方法を選択する。

「住民運動の成否は一に参加者の数にかかっているとよく言われる。だが、私たちは六月中旬の集会が失敗に終わって以後、あえてその〝神話〟に頼らなかった。運動が長期にわたることは十分予測できたし、その際、住民の自発性に根を置かぬ運動は脆弱になる危険があった」。

七〇年八月、私の家の前で柳町を上まわる鉛汚染と一酸化炭素がほとんど毎日「二四時間基準値」を越えているという恐るべきデータが横浜市の手で公表された。私達は県知事宛に「国道公害解決のための陳情書」を提出すると同時に、沿道住民に再度アンケートを送った。そしてこの年の末、私達は一年間の記録を前述した『国道公害白書』としてまとめた。そのなかにおぼろげながらイメージされてきた〈紐帯〉と〈連帯〉の概念がみられる。

「今日、公害と真に対決できる拠点の一として識者は住民運動をあげる。住民の個的体験に根ざした運動は確かに局地的環境破壊に対して最も根底的に闘いうる力をもつ。しかし、反面、この体験主義はそれにのみ終始する限り、時に悪しき地域エゴイズムに転化しうる。ことに自動車公害は裏通りを締め出せば、表通りに溢れるというように住民運動の一定の限界を明示する。私たちは住民運動から出発し、そこに根を置いた上で、住民の紐帯を市民の連帯にまで展開する必要がある。この白書が書かれた所以である」。

「……住民の自発的結社という点にも問題があった。陳情書に署名してくれる近所の人々も『ご近所のNさんが一生懸命やっているのに、義理が立たない……』という閉ざされた社会での協力である。つまり、国道公害に反対する人々とならば、誰とでも手を結んで運動を行なう、開かれた社会での市民運動を展開することは、差し当ってきわめて困難であった」（いずれも傍点は原文）。

もう一〇年以上も前のこと、成人になった私は地域に読書会をつくりたいと思い、三年かけてそれをなしとげた経験がある（この会はその後八年間続き、私が千葉に引っ越して以来、休眠中である）。そこには大学生はもとより労働者、公務員、看護婦、教師、テレホン・オペレーター、雑誌編集者とさまざまな仲間が集まり、活発な討論が交わされた。出発した時わずか二人だったこともあって、沈滞時には待ちぼうけをくらい、たった一人で読書会を終えることもあったが、私はそのことを気にしなかった。ロダンは芸術に関してつぎの言葉を遺している。

「深く、根強く、真理を語る者となれ。君の感ずる事柄を言い表わすのに決して躊躇してはならない、たとえ君が世の抱き慣れた思想に対峙する時であろうとも。君は、初めのうち、理解されないかもしれない。しかし君の孤立はつかの間であろう。同志の人たちは間もなく君のところへ来るであろう、なぜなら、一人の者に深く真実である事柄は、万人に真実であるから」（顧頡剛著・平岡武夫訳『ある歴史家の生い立ち――古史辨自序――』岩波書店、一九五三年）。

私など到底望むべくもないロダンの見事な「自己確信」をそこにみながら、私はこの言葉につよく惹かれた。私は孤立を恐れぬあまり、不必要に〈個〉と〈主体性〉にこだわっていた。

「……住民の自発性に根を置かぬ運動は脆弱になる危険があった。運動が外部からの刺激によって生ずるのは、物理学の法則からして当然のことなのかもしれないが、個々の担い手がその刺激を内面化し、自分のものとしていかぬ限り、運動はつかの間に終熄してしまうであろう。こうした意味で、日常生活にみられるさまざまな環境破壊を通じて公害問題に関心を抱き、自らそれと取り組もうとする人々が出ることを、私たち研究会は強く望んでいる。いずれにせよ、この白書が一人でも公害問題に立ち向かう主体的人間を生み出す刺激になるならば、その目的は十分に果たされたことになるのである」。

読書会であればおそらくこうした発想のもとに運動を進めることが可能であろう。だが、いわゆる「住民」運動としての反国道公害運動はこうした論理では進展しなかった。彼方の住民運動団体から激励と連帯の手紙は寄せられても、近所の同志は容易に我が家を訪れなかった。この時期、私達は研究会として国道公害を調査し、それに関連する資料を集め、認識を深めた。

「この問題は、非常に根深い問題で、一年や二年、多勢が集まってワアッとがんばってみても解決するようなものではなくてもっと地道に続けなければ解決しないと思います。ですから、研究会としては人数を武器とした力の論理ではなく、あくまでも客観的なデータを公開して、それによって起こる影響力で勝負したいと考えます。一人でも多くの人に関心をもってもらうよう、最大限の努力をします。しかし関心のない人をまき込むようなことはしません」（「健康むしばむ〝国道公害〟」『健康かながわ』五一号、筆者発言）。

住民運動の中へ

運動の転期は七二年四月にやってきた。四月一日、近所の電気店のFさんが国道問題のことで我が家に相談にみえた。研究会に積極的に問題をもちこんできた初めての人である。今まで二年あまり、近所に「国道公害ニュース」を回覧し、陳情書をもってまわった時も「ご苦労さま」「いつもすみません」と声をかける人はいたが、どちらかといえば運動に消極的であった。町内会に小委員会をつくろうと働きかけても、話し合いの場をいく度か設けてもうまくいかなかった。研究会を協議会にするのはきわめて困難なように思われた。

ところで、この年の三月いっぱいで横浜市の市電は五〇年にわたる歴史にピリオドを打った。研究会は『国道公害白書一九七一年』（一九七一年一二月）の中でその非を指摘したもののもはや大勢は決していた。

「三月三一日、本日をもって横浜の市電は姿を消す。研究会員三名夜九時半頃から十時半頃まで八系統—六系統で一周してくる。同乗の市電の運転手さんは涙さえ浮かべていた。相当の人が、名残りおしげにわざわざ乗っていたようだし、滝頭車庫には最後の電車を待って二〇人ぐらいの人々が残っていた。最終車は一一時半頃〈ほたるの光〉と共に家の前を通過。車中では年老いたものは去るのだ、と言っている人もいたが、バスでは不便だと言っている人もいて、こんなことならもっと反対すればよいのにとくやしく思える」。

Fさんの相談内容は市電の軌道撤去後の国道が一体どうなるのかということであった。国道一六号線はこの付近では通称「横須賀街道」といわれ、市電の線路を中央に上下各一車線、今やひびわれだらけとなったコンクリート舗装である。道路の一方に商店街が形成され、他方に掘割川がある。かつて根岸湾を前面に臨んだこの地域には、大漁旗を立てた漁船が川を行き来し、時にセリ市も開かれたというが、埋立が行なわれ、臨海工業地帯が操業を開始して以後、川は鈍く濁り、国道は産業道路と化して昔の面影はない。大型車が轟音を立てて疾走するその一画、市電根岸橋停留所を中心に約二〇軒の店が連なり、ひっそりと商売を続けている。この道路から市電が姿を消し、国道の大改修が行なわれるというのである。

四月七日、近所の人達がFさん宅に集まり、国道問題の今後について話し合った。私はここ二年余にわたる国道公害反対運動の経緯を説明し、今が国道公害を少しでも緩和させるチャンスであると述べた。さまざまな意見が出された後、私達は国道一六号線公害対策協議会の結成を驚くほど簡単に決めた。こうして「横浜でも最も運動の起こりにくい所」に新しい住民運動が出発した。研究会は協議会とともにこの運動の一端を担うこととなった。

協議会の活動を通して私は住民の紐帯なるものを実感した。それはヘソの緒の結びつきというにふさわしいものであった。

会合は日常の世間話から始まってごく自然に問題の核心に入って行く。「商売はいかがですか。」「それにしてもここの家もよくゆれますなぁ。」「最近は親類の人がきても、こううるさくっちゃ寝られないって帰っちゃうんですよ。」「何とかなりませんかなぁ。」こうしたやりとりがしだいに振動のない道路の舗装と幅広い歩道の設置という二つの要求にまとまっていった。まとめたのではない、まとまったのである。国道公害の現状を説明し、今後いかに取り組むべきかなど〈演説〉した私にはいささか拍子抜けであった。ともかく国道工事事務所に陳情書を出そうということになり、「〈理論的なこと〉は中村さん」ということで私が陳情書の文案をつくることになった。陳情書の印刷担当、立看板の手配、他町内会への署名協力要請など、つぎつぎ手際よく割りふられた。そこには〈ウチ〉の論理と〈和〉の精神があったのだろう。その裏に、一歩〈ソト〉に出れば私達に猜疑の目が向けられる事実を私は知っている。かつて近所二〇世帯を出て署名を集めようとした時、同じ被害を受けていながら私達の顔を知らないという理由だけで、署名を拒否した沿道住民があった。露骨に迷惑そうな顔で応待される時、〈ウチ〉の和に対する〈ソト〉の厳しさを身をもって感じた。

さて、陳情書の印刷も出来上がり、署名集め第一日目の朝、父親と妻と私は国道沿いのバス停のわきに立って陳情の趣旨を説明し、バス乗降者に署名協力を呼びかけた。時折り応じてくれる人達がいたものの、多くは無関心に通りすぎ、二時間で一〇名ほどの署名が集まったにすぎなかった。一方、この土地に三〇年以上住む電気店のおばあさんはあちこちまわってその日のうちに八〇〇名近い署名を集めてきた。八〇歳を越えるおばあさんにどうしてこれだけの力があるのだろう。長年、この土地に住むということ、ここにも紐帯の重みがあった。町内会単位の署名収集もスムーズにいった。署名数は日を追ってふえていった。そういえば私が協議会の中心となったのも、二年半にわたる運動の実績もさることながら、父親がこの土地で二〇年近く商売を続けているということがあずかって力あった。私は幼い頃から「カメラ屋の息子さん」であり、それ故近所の人達のまったき信頼を得たのである。

言葉づかいにも、そこそれなりの特色がある。歩道の幅は「六尺はどうしても欲しいね」というソバ屋のおじいさんには甲田寿彦氏のいう〈土語〉の世界があった。昔の磯子のよさを語る老人の話は尽きなかった。静岡県富士川町の総決起大会のように「ステージ中央に日章旗」を置くことはなかったが、全体の雰囲気は私にとってまったく異質であり、その交わりは私を極度に疲れさせた。と同時に、そこには地域読書会や研究会には感じられぬ一種の活気があった。

四月の末までに署名数は五〇〇〇を越えた。それはかつて研究会が集めえた数をはるかにしのぐものであった。

「たとえばお店でお客様に署名してもらう場合、お客様の家族の拇印はどうするんですか」「両手の十本の指をそれぞれ一本ずつ使えばいいんですよ」

会合での商店街のおじさん達のこの奇妙なやりとりを聞きながら、私は庶民の「生活の知恵」を知った。驚いたり、よい悪いを判断する前にとにかくこうした現実があった。かくして国道工事事務所に出かける前日には五三八三名の署名が私達の手もとに集まった。

七二年五月八日、私達一行一〇名は署名簿を手に国道工事事務所に向けて出発した。私と妻はセーターにジーパン。それとは対照的に〈大人〉の人達はすべて正装である。パーマネント屋の奥さんは和服姿、隣りのパチンコ店の主人は背広にネクタイのいでたちであった。私はその場が彼らにとっておそらく〈ハレ〉の場であることを悟った時、彼らに非常に申し訳なく思った。管理課長との面談で、私と妻は「歩道二メートル以上、振動の出ない舗装を行なえ」という陳情要求の完全実現を執拗にせまった。父親はじめ大人達はほとんど沈黙を守り、「とにかく陳情の趣旨だけは確認してくれ」と主張する私達をむしろやさしくたしなめた。彼らの関心はもっぱら工事中に商売がどう影響を受けるかにあった。

四月から五月にかけて協議会の会合は都合四回もたれた。彼らは楽しく語り、運動は自ずと進んだ。最後の会合では、運動にかかった全経費が計算され、各自にその負担が割りあてられた。協議会はその役割を終え、沿道住民は再び日常生活に戻った。

この運動を通じて私は〈彼ら〉に対して終始ある種の異和感を抱き続けた。世代の相違だろうか、職業の相違だろうか。おそらく私には研究会による運動の方が似合っているのかもしれない。だが、私はこの運動からさまざまな意味で〈紐帯〉の強さと大切さを学んだ。

父親は『国道公害白書一九七〇年』の「あとがき」にこう綴っている。

「横浜に生れ育って六〇年余り、その間一歩もこの土地を離れなかった私にとって、愛する横浜が汚され、侵されるのは誠に堪えられない事である。

私共は戦前は中区尾上町の国道一六号線沿いに住み、戦後も亦磯子区根岸橋の同じ一六号線に面して住んで、日に月にエスカレートして行く排気ガスの臭気、交通騒音に悩まされ続けて来た。横浜市歌は〝昔思えば苫屋の煙チラリホラリと立てりし所、今は百船百千《ももち》船泊る所ぞ見よや〟と歌い、鉄道唱歌は〝港を見れば百船の煙は空を焦がすまで〟と横浜の発展を称えて居る。吹き出す煙は産業発達のシンボル、地を揺るがす轟音は繁栄の足音等と云って居る内に、公害は天地に満ちて、私共の健康をむしばみ、生活を脅かすに至った」。

ある土地に長く生活すること——そこから生まれる土地への愛着、蜘蛛の糸のような人間同士の結び付き、私はこれらのことをこれ以上記すにはおそらくふさわしくないであろう。だが、私が千葉に引っ越してなお、国道一六号線公害対策研究会に執着するのは一つには私の中のこうした〈紐帯〉である。今でも私は当時の会合の様子を奇妙な懐かしさで思い起こすことがある。

さて、この年の七月、道路工事が開始された。とくにこの地域の住民は徹夜で自分の家の前の工事の手抜きを看視した。九月に車道の舗装が完了し、一〇月に歩道が完成した。

「十月二七日夜、歩道完成。ガードレールの埋められていた穴もアスファルトがつめられた。運動を始めて約三年、ようやく一応の目標を達成した。長かった」。

「時折り、私は傍らを疾走するクルマに目をやりながら、この歩道を歩いてみる。子供が大声で話し合いながらすれ違う。確かに歩道は彼らを事故から守っている。だが、市電が駆逐された国道は今や全くクルマの天下となり、付近の喧騒は一層増したかに思われる。また、クルマの大型化は路面の補修を上まわって振動を激しく感じさせる。『越えては越えて来た』住民運動の道程を振り返る時、そこには成果を誇り、思い出に浸ることを許さぬほどの国道公害の深刻な現実と暗い未来が待ち受けている。時間の経過は次第に明らかに私達に敵対してきている」(中村紀一「『16号線』のその後」『健康かながわ』六三号)。

運動における住民と市民と

一九七三年二月、私達は仕事の都合で千葉に移転した。両親は商売もあって横浜の国道沿いに残った。

運動を始めた頃から私達は「国道公害」と根底的に闘うため、自動車に乗ることをきびしく自己規制していた(バスに乗る以外、おそらく年に一、二回それもとくに必要な時のみタクシーを利用するぐらいだったであろう)。二四時間それこそ切れ目なく我が家の前を通過し、騒音、振動、排ガスを傍若無人に残していく自動車は私にとって〈憎悪〉の対象であった。

閑静な住宅街に移ったからといって、私達はこの「車に乗らない」「車を捨てる」という基本姿勢を変えることはなかった。しかし、日が経つにつれて私はかつて国道沿いで被害を受けていた時に抱いていた自動車に対する実感的な怒りがしだいに私の中で薄らいでいくのを感じた。そして時に「道路・自動車公害」(「国道公害」のみならず光化学スモッグ、交通災害をも含む「クルマ」公害の総称)に対してあまりに冷静になった自分を見た。私は、そこに住み、運動することの強みをはっきりと理解した。「住民」の運動とはこうした紐帯があればこそ長期に闘争を持続させることが可能なのであろう。「住民」の紐帯をもたぬ「市民」の意識的連帯など所詮まやかしにすぎないのではないか。「市民」の語のもつ「普遍的」な響きは「特殊」を空洞化し、稀薄化してしまうのではないか。

「住民運動から出発し、そこに根を置いた上で住民の紐帯を市民の連帯にまで展開する必要がある」。七〇年の末に何気なく書いたこの言葉が再び私の中で意味をもち始めた。

<ウチ>の運動に固執する新貨物線反対同盟の宮崎省吾氏は「静かな所へ引っ越したなら、中村さん、もう運動する必要なんかないじゃないの」と言った。確かにその通りであった。国道を離れて初めて私は住民運動における<ウチ>の強みを知った。<土着><紐帯(有機体)><特殊><存在>およそ「市民」と相対立する「住民」の特色(中村紀一「市民とは何か」伊藤善市編『都市問題の基礎知識』有斐閣、一九七五年)がここでは強靭なエネルギーとなって運動を支えていた。だが、私は同時に、<ウチ>の弱みを知っていた。もしも「住民」の運動が単に<ウチ>なる特殊な実感にのみ支えられるのであるとしたら、それは何と脆いものであろう。<ウチ>からさえ公害がなくなればと考えている「住民」には公害企業の海外進出を阻止するエネルギーを期待しえない。それでは<ウチ>の強み

をそのままに千葉で運動を続けることは可能であろうか。とにかく私達は千葉まで国道一六号線公害対策研究会を引きずってきた。

『国道公害白書一九七二年』(一九七三年七月)の「はしがき」に私はつぎのように書いている。

「このはしがきをまとめている書斎はすでに深夜二時をまわり、時計が時を刻む音がひびくほど、不気味な静けさに包まれている。ここには先日まで住んでいた国道沿いの騒音、振動は伝わってこない。だが、閑静な地に住まえばこそ、私達は今後一台一台のクルマに対して厳格でなくてはならぬであろう。そのクルマは必ず道路沿いに騒音、振動、排気ガスをまきちらしているのだから。

国道一六号線根岸橋からはるかに離れて、私達は研究会会員である両親が今なお住むその幹線道路沿いに思いを馳せる。昨年五〇〇〇余の署名を集め建設省に対して振動のない道路と歩道設置を要求する活動を続けていた頃の沿道の人々の顔が浮かぶ。これを書いている今も、すさまじい轟音と振動を残してクルマは国道一六号線を疾走し、子を持つ母はその安眠を気づかい、老人は不眠に怒りふるえているだろう。住民運動の紐帯を市民運動の連帯に展開するために、私達は今後も国道公害を告発することをやめない」。

かつて地域で読書会を始めてしばらくした頃、私は中野好夫氏の「不連続の連続」という言葉に出会った。

「……市民運動であるかぎり、それは問題ごとに緊密に集まり、一応解決ごとに弛める。いわば問題が起これば、いつでも直ちに快く結集できる条件を大事にしておくことの方が、肝要なのではあるまいか。言葉をかえていえば、不連続の連続とでもいうべきところに、現在日本の段階での市民運動の要諦があるのではあるまいか」（中野好夫「市民運動のあり方——考」『世界』二五九号）。

「明るい革新都政をつくる会」の活動を通して考え出されたこの「市民運動の要諦」は前述したロダンの言葉と同様、私にとって読書会を支える理念であった。「問題が起これば、いつでも直ちに快く結集できる条件」「不連続の連続」——「市民」とはこうした理念を積極的に追求し実践できる人間類型であろう。読書会の目ざしたのは、このような「市民」たらんとする人間を自らの手で鍛えあげることであった。私が「国道公害」と取り組み、国道一六号線公害対策研究会をつくった背景にはこうした「市民」運動の経験があった。そしてその後、協議会の過程で私は「住民」運動を体験した。国道を離れた今、私は再び自らの「市民」としてのありかたが問われているのをつよく感じた。

ところで、国道公害反対運動の中で私達が車を拒否するに至ったことは前述した。

「私達はこの運動の原点が、まず一人一人がクルマを捨てるというきわめて簡単な行為にあることを再び確認しておく。もういいかげんに言い訳はよそうじゃないか。クルマを捨てること——ここから出発しなければ、今日の道路・自動車公害に立ち向かう運動は成立しない」（『国道公害白書一九七二年』傍点は原文）。

「クルマを捨てる」のと並行して私達は個人で出来る反公害の具体的行動を少しずつ実行し始めた。合成洗剤の使用をやめ、森永製品を拒否する一方、レーチェル・カーソン『生と死の妙薬——自然均衡の破壊者〈化学薬品〉』朝日新聞社編『ＰＣＢ——人類を食う文明の先兵』などを読み、市民集会、研究会に出席して環境破壊全体に対する認識を深めようと努力した。

宮崎氏のいうように〈ウチ〉に執着し〈地域エゴ〉を主張するのが今日、きわめて重要であることはよく分かる。しかももし〈地域エゴ〉が全国各地の運動の中に噴出するならば、現在の上からの「公共性」をくつがえすことはあるいは可能かもしれない。だが、その運動がそれぞれ〈ウチ〉の要求にのみ関心をとどめる時、下からの〈連帯〉によって今日の環境破壊を根絶することは可能であろうか。私にはそうは思われなかった。

国道一六号線を離れたからといって「国道公害」が解決したわけではない。しかも、人類生存に欠くべからざる自然の三要素――土、水、大気は今日、臨海コンビナート、火力・原子力発電所などの排気、廃水、自動車がもたらす排ガスによって、もはや回復不可能と考えられるほどに汚染されてしまっている。「人間がそれぞれ自分という特定の世代が終るまでの見通ししか持つことができないなら、遠からず人類は必ず滅亡するにちがいない。もし滅亡ということばが抽象的に聞えるならば、こういってもよい。自分の家族や子孫のなかに、奇形や異常、あるいは障害をもつものが生れることによって、具体的に苦痛を味わうということだ」(朝日新聞社編『PCB――人類を食う文明の先兵』朝日新聞社、一九七二年)。

事実、従来大気を汚染する「外部環境破壊」要因の一つとされていた物質が、農薬や食品添加物と同じように、直接体内に入り、肉体そのものを破壊しつつあるではないか。

たとえば、ある朝、ホウレン草(三・三PPB)のおひたしに、カツオぶし(二九・八PPB)をかけて、ヒジキ（一・九六ＰＰＢ）の煮つけとのり（三一・三ＰＰＢ）をおかずに食事をしたとしよう（カッコ内の数字はいずれも、国立公衆衛生院によって明らかにされた日常食品にふくまれる、三・四ベンツピレンの量である）。

これらの食品にふくまれている三・四ベンツピレンとは多核芳香族炭化水素の一種で、タバコや大気汚染の原因となっている自動車の排ガスの中にも存在するきわめて発ガン性の強い物質であり、動物の飼料用に開発された石油たんぱくの中から一ＰＰＢ検出されただけで、企業化阻止運動の大きなきっかけの一つとなったほどのものだ（一ＰＰＢは千分の一ＰＰＭ。十億分の一単位）。

それが、ホウレン草では石油たんぱくの三倍、のりやカツオぶしにいたってはなんと三〇倍もの発ガン物質が検出されている。これらの〈自然〉食品に、なぜ発ガン物質が含有されているのか、はっきりしたことはわからない。しかし、かなり有力な手がかりとしては大気汚染が考えられる（新井通友「食品公害――その現状と問題点」『京浜文化』第一五巻第二号）。

反国道公害運動を続ける中で、私は住民運動から消費者運動にいたるさまざまな環境破壊と闘っている多くの実践者と出会った。私はいままでバラバラに実行していた反公害の具体的行動を彼ら実践者に対する「市民」的連帯としてとらえようとした。「豊前火力」「伊達火力」阻止運動を支援するために、私達は「暗闇の思想」を理解し、「停電をも辞さぬ志」をもつ一方、「電力を無駄に消費してはならない」。富士市のヘドロ公害をわずかでも少なくするには「広告のウラ紙は原稿の下書きに再利用し、新聞紙はまとめて廃品回収業者に出そう」。各家庭の新聞紙一年分はなんと木一本のパルプに相当する。「……読み捨ての印刷物が氾濫している。電車の網棚、座席に置かれた新聞・週刊誌は拾って読もう。読んでしまった週刊誌などお互いに交換できるグループができるとよい」（公害問題研究会仲井富氏提案）。

こうして『国道公害白書一九七二年』の中で、私達は「環境破壊に抗して私達に何ができるか」（本章末〈参考〉を参照）という五一項目の実践活動を体系化した。国道一六号線に執拗にこだわりつつ、なおこれら五一項目を誠実に実行していくこと――ここに私にとって「市民」としての〈連帯〉の証しがある。

「私達はこれらすべてを実行すれば、今日の環境破壊が除去されるなどとはもとより考えていない。私達の期待は、これらの実践（たとえ一つでも）を通して、第一に個人の力で具体的に環境破壊の速度を緩和でき、同時に公害に対する認識が深まること、第二に住民運動にとって〝集団的〟公害人間（大企業・行政）を根底から批判しうる新しい視座を獲得しうること、第三に今日さまざまな〝集団的〟公害人間と直接闘っている人々を側面支援し、彼らと連帯できることにある。〝明日の生命〟を危ぶまれる今日、環境破壊に少しでも手を貸さぬよう行動することは、私達住民の生活倫理であり、同時に生活論理でもある」。

一九七三年一一月、私は千葉大学祭のために「環境破壊に抗して私達に何ができるか」を一部分修正し、独立の小冊子を作成した。そして千葉市の川鉄公害展と講演会に訪れた人達にそれを配った。折りから我が国は石油ショックのあおりを受け、政府提唱の「ケチケチ運動」が盛んであった。「水を無駄にしないように。いつもボールやバケツに水を受けて使う。水資源は不足している」に始まる五一項目を、私は自らの〈抵抗の姿勢〉を貫くものとして、あえてこの時期に印刷した。

大学祭が終えてしばらく後、私は一通の手紙を受けとった。

「前略、私は『環境破壊に抗して私達に何ができるか』のパンフレットを読んだものです。そうして私は、このせちがらい石油不足、紙不足など資源不足が大きな問題として新聞にも取りあげられている今日、どのように生きたらよいものだろうかと、日夜思案している者でございます。そして私は、また、自然保護にも関心をもっている者でございます。公害の直接の大きな被害にはあわぬまでも、自動車の排気ガスで私ののどは相当に痛めつけられていることを感じずにはおれません。一体、日本は高度経済成長して住みよくなったのか、住みにくくなったのかと疑うことがしばしばでありま す。このように私は環境破壊に対して日夜思案し、関心をもち、かつ心配しているのですが……。ただ、それだけで終わってしまい、それ以上のものにはなり得なかったのです。

ところが、先日、ふと読ませてもらった貴方のパンフレットによって私の行動心は湧きあがってきたのでございます。私は今まで自分が無力であるとしか思っていなかったわけですが、そんな小さなところまでも、このパンフレットによって、私は少しでも実行していこうという気になったのでございます。

確かに私が実践していたこと（例えば広告の裏をつかうなど）もありますが、私の知らなかったいろいろな実践も載っています。私はこのパンフレットを参考にして少しでも多く実践してゆきたいと思うのです。なぜなら　そうすることで私も環境破壊に抗する一人の人間になり得るのであるから。たとえ私のなすことが小さなことにすぎなくとも、環境問題を考えているんだという意識を確実にもつことができ、やがてはこの小さな波紋も大きく広がって、皆んなが、その意識をもつことができるようになると思うのでございます。貴方のパンフレットは私のこれからの行動を大きく位置づけて下さいました。本当にどうもありがとうございました。

貴方の研究会がもっと大きく広がっていきますように」（原文のまま）。

「一学生」の名で丹念に綴られたこの手紙は私に無限の感動と励ましを与えた。ここには私の求めている「市民」としての∧連帯∨があった。思えば三年前、一九七〇年一二月、私は第一回『国道公害白書』の「あとがき」に自らの思いをつぎのように記した。

「……日常生活にみられるさまざまな環境破壊を通じて公害問題に関心を抱き、自らそれと取り組もうとする人々が出てくることを、私たち研究会は強く望んでいる。……この白書が一人でも公害問題に立ち向かう主体的人間を生み出す刺激になるならば、その目的は十分果たされたことになる……。」

国道一六号線で運動していた時、この『白書』を偶然読んだ横浜国立大学工学部Y君と日本大学医学部M君が、私達を支援するために我が家を訪ねてきた。Y君は「国道公害と市電」について考えをまとめ、M君は一六号線沿いの家を一軒一軒「騒音被害アンケート」用紙を手にまわって「医学上よりみた自動車騒音――横浜国道16号地域を中心として――」という論文を第二回『国道公害白書』に寄稿してくれた。

Y君は一九七六年の年賀状にこう書いている。

「自動車の排気ガス、タバコの煙、きったない町の空気、もう糞くらえ！だ。腹は立っています。そんな中で、まだ僕も生きているようです。

そういう風に社会が泥だらけに濁っているのならば、各個人個人は、それをきれいにするように動かなくてはならないのですが、そのきたない空気を文句を言わずに吸っているのであれば、わざわざ騒ぎ立てることもないのではないか。そんな中で、僕もまだ生きているようです。

自分自身についての知識を獲得し、自らの能力を評価し、限界を意識してある高さまで登ろうとしています。」

今日の環境破壊のすさまじさに比較したら、私達一人一人のこうした怒りや行動など所詮「蟷螂の斧」にすぎないのかもしれない。だが、いや、だからこそ、横浜で、東京で、千葉で結ばれたこの＜連帯＞の輪を私は今後も大切にしたいと考えている。

ところで、一学生の手紙が私の手もとにきてしばらく後、千葉大学教育学部に「環境破壊に抗して私達に何ができるか」の海賊版が出された。誰が印刷したかわからないこの小冊子はその後、学生の間にかなり読まれたと聞いた。

あとがき

以上、住民の〈紐帯〉と市民の〈連帯〉とが運動においてもつ意味について述べた。これらの概念は理論的にも実践的にも、私の中でまだ未熟な段階に留まっており、曖昧で理解しにくい点も多かったことと思われる。そもそも一人の人間の中で〈紐帯〉と〈連帯〉とはそれほど截然と分けられるものではないであろう。私にとって現在の最も大きな関心は、住民運動の〈紐帯〉をひきずりつつ、市民的〈連帯〉を指向し実践していくにはどうしたらよいかの解明にある。

「わりと青くさい学生どもがやってきて、『支援』をするとか、『支援』をしなければお前は悪いのだという言い方できますね。……三里塚、もう一つは水俣なんですね。これをやらないやつは何にもやる資格がない……みたいなことをいいにくるわけです。私はここで三里塚をやり水俣をやっているつもりだ、と答えるようにしているのですが……私は土地にしばられているからここでやります」

(傍点は引用者。宮崎省吾『いま、「公共性」を撃つ』新泉社、一九七五年)。

反公害堺泉北連絡会西村徹氏のこの言葉は〈連帯〉について一つのあり方をはっきりと示している。ここを離れて「住民」運動が成立しない以上、「ここで三里塚をやり水俣をや」る意識をもつことによってはじめて「市民」としての〈連帯〉がなる。だが、さらに一歩進んで〈ここ〉を強め、かつ同時に〈彼方〉をも強める実践的方法とは一体何か。さしあたって今の私には、前述した〈紐帯〉

を軸に〈連帯〉の意識を確かめつつ、反公害活動の実践を一つ一つ積み重ねる他にはない。

一昨年（一九七四年）夏、私はふとしたきっかけで花田清輝『復興期の精神』を再読した。「転形期にいかに生きるか」を主題とした本書につぎのような一節がある。

「たとえば、かれが詩人であり、数学者であったとする。かれは、詩と数学の対立と矛盾とを、かれの精神のなかで、直ちに『止揚』することによって、調和させようとはせず、一ぽうが他ほうに負けないように、両者の対立を深めてゆき、この対立を対立のまま調和させるのだ」（講談社、一九六六年）。

〈紐帯〉と〈連帯〉、〈有機体〉と〈工学器機《メカニズム》〉、〈特殊〉と〈普遍〉、〈存在〉と〈意識〉、〈共同体〉と〈市民社会〉、〈住民〉と〈市民〉——容易に止揚すべくもないこれらの「対立を強化し、両者の釣合を保たせることによって」両者をともに鍛えあげることについて、花田のこの言葉はあまりにみごとに語っている。

この年の秋、花田清輝氏は他界した。私は花田の言葉を〈紐帯〉と〈連帯〉の問いへの一つの示唆として読みとり、以来、それにこだわっている。

〔参考〕 環境破壊に抗して私達に何ができるか

今日、私達の生活環境は大気汚染、水質汚濁、土壌汚染、騒音、振動等々、量・質ともにきわめて悪化し、それらの十重二十重の包囲の中で、私達の生命は深刻な危機に直面している。国道公害反対の運動を始めて三年余、私達は日々、着々と進行していくこうした事態を体験しつつ、たえず言い様のないいらだたしさを覚えてきた。すさまじい環境破壊の只中にあって、何故、企業はクルマの生産を停止せず、何故、政府は反対運動の声を圧殺しても高速道路建設を強行するのか。

こうした企業と政府の姿勢が明らかにされればそれだけ、私達の彼らに対する怒りは増し、その責任追及は一層厳しいものとなった。と同時に、私達はこれら企業と政府糾弾の他方の極に、追及する主体としての私達、個人としての私達を問い直さねばならなかった。そして私達は自らのうちにもまた〝集団的〟公害人間（大企業・行政）に対応する、自愛にあふれた〝個人としての〟公害人間をみた。かくして、私達は反国道公害の一つのスローガンとして公共輸送体系充実を要求する一方、できるかぎり私達が「クルマを捨てよう」ということを掲げた。以下の五〇項目余の実践訓は「クルマを捨てる」発想の延長上に、私達が、現在実行している、今日の環境破壊に抗する私達の行動を記したものである。

手本としてはすでにニューヨーク市環境問題委員会の“Birds today. People tomorrow?”（邦訳「今日鳥が死んだ　明日の生命は?」『市民』第五号、一九七一年一一月号所収）があり、これと比較するとまだ体系的とは言えない。今後、皆さんの御意見を加えて少しずつ充実させたいと考えている。

私達はこれらすべてを実行すれば、今日の環境破壊が除去されるなどとはもとより考えていない。私達の期待は、これらの実践（たとえ一つでも）を通して、第一に個人の力で具体的に環境破壊の速度を緩和でき、同時に公害に対する認識が深まること、第二に住民運動にとって〝集団的〟公害人間を根底から批判しうる新しい視座を獲得しうること、第三に今日さまざまた〝集団的〟公害人間と直接戦っている人々を側面支援し、彼らと連帯できることにある。〝明日の生命〟を危ぶまれる今日、環境破壊に少しでも手を貸さぬよう行動することは、私達住民の生活倫理であり、同時に生活論理でもあるのである。

一九七三年六月

国道一六号線公害対策研究会

資源を大切に、再利用を考える

1　水を無駄にしないように。いつもボールやバケツに水を受けて使う。水資源は不足している。

2　水や電気を無駄に消費するから全自動洗濯機は使わない（だから買わない）。洗濯機は二槽式を使い、すすぎの時バッチ式（水をためてからすすぐ方法）で三分ずつ二回するように。それ以上長くすすいでも繊維の間にのこる石けんの量は変わらない（『朝日新聞』一九七三・八・二四参照）。

3　電気を無駄に使わない。部屋を出る時は必ず電気を消す。こうすることによって私達は火力発電所・原子力発電所の設置反対運動をする人々とわずかでも連帯することになろう。

4　無水鍋を使おう。少しの火力で料理できる。

5　電気掃除機があっても、同時に手動の掃除機（たとえばフクバホーキー）を置いて使用すると電気の節約になる。

6　ゴミの再生利用を考えよう。たとえば台所の生ゴミを庭などにいけて肥料にしよう。また、プラスチックゴミやあきかんなど、廃棄物再資源化の技術開発は進んでおり、とくに欧米諸国ではかなりの実績をあげている（『朝日新聞』一九七五・一・一三参照）。日本ではいくつかの自治体（船橋市がプラスチックを、神戸市があきかんを再資源化する）ですでに始められているが、まだ実験段階にある。個人や団体でそれぞれの自治体にゴミの再生利用を進めるよう働きかけよう（No.15参照）。

7　電動式の鉛筆削りはけずりすぎてしまうし、電気の無駄だから使わない。小刀とか手動の削り器を使う。手動の削り器としてはドイツのステットラー社製（デパートで一二〇〇円位で売っている）が便利。

8　しょう油びんや酒びん、ビールびんなどは店にもどす。

9　コーヒーやジャム、マヨネーズなどのガラスびんはきれいに洗っておいて、食品の保存に使う。

10　万年筆はスポイト式のものを使う。すでにスペアー式のものを持っている場合、一つのスペアーにインクをスポイトでつめかえて何度か使うようにする。

11　ストーブは上でお湯がわかせるものを買う。特に長い年月使えるものの一つにイギリス製アラジンの石油ストーブがある。デパートに行けばすべての部品がそろっていて、痛んだところからかえてゆける。

12　きれいな紙袋や包装紙・箱はとっておいて他人にプレゼントする時などに再利用する。裏の白い広告印刷物はメモ用紙にする。

13　木材資源を無駄にせぬよう、家では割りばしを使わない。日本中で一年間に捨てられる割りばしの量は二DKの住宅一万二〇〇〇戸分にあたる（『朝日新聞』一九七四・一〇・二八参照）。食堂でも持参のはしを使い、一方使用済みのわりバシを再生利用のため回収しているグループ（札幌市「松の実会」）がある。

14　現在、パルプが不足しているのに読み捨ての印刷物が氾濫している。電車の網棚、座席に置かれた新聞・週刊誌は拾って読もう。読んでしまった週刊誌などお互いに交換できるグループができるとよい（公害問題研究会仲井富氏提案）。今すでに国電鶯谷駅や渋谷駅などには「新聞雑誌交換ボックス」が設置されている。それぞれの利用する駅にも声をかけてみよう。

ゴミを減らす

15　紙のゴミ（古新聞・古雑誌・両面印刷した広告用紙など）はまとめて廃品回収業者へ。たとえば、配達される新聞（一種類）一年分を再利用すれば木一本切らずにすむ（『朝日新聞』「いま工場で」一九七五・二・一九参照）。紙、金属、ガラス、ビン類、布等再生できるものが約四〇パーセントもゴミとしてそのまま処理されている（市長と市民の会『市民の手によるゴミ白書』一九七二・七）。

16　布製などの折りたためる買物袋やフロシキをいつも持っている。出先で急に買物をしても余分の紙袋などもらわないですむ。

17　ペーパータオルはゴミをふやすし、木材資源の無布のタオルやハンカチを使う。

18　ダスキンやサッサなど使い捨て雑巾を使わない。古いシーツやタオルなどを雑巾として利用する。

19　ラップ類も使う量を減らす。冷蔵庫での保存などにはフタツキの容器（ステンレスやホーロー、陶器のものが理想的）を使う。

20　おつかいには買物袋や買物カゴをさげて行こう。そして昔、誰もがしたように、豆腐は入れ物（ボール、鍋など）を持って買いに行く。

21　野菜、果物、魚、肉など発泡スチロールにのせてさらにラップで包んでいるものはやむを得ぬ場合以外は買わない。これらは余分なゴミを出すと同時に、ラップ（塩ビの場合）の中の成分（フタル酸エステル）が生肉などに溶け出す心配がある。

22　パック商品への二重包装はことわる。デパートやスーパーで、すでに袋詰めのものなどを買った時、レシートを直接品物に貼ってもらう。

23　同じ内容ならプラスチック入りのものは買わないでガラスびん入りを買う（ガラスビンは再利用する）。プラスチック類のゴミは現在、ゴミ全体の一〇パーセント前後を占め、焼却炉を非常に痛める。溶けたり、ふつうのゴミの五〜一〇倍の熱を出したり、有害ガス（塩ビが燃えると大量の塩化水素）が出たりする（『朝日新聞』「プラスチック容器をメーカーに送り返した主婦たちの話」一九七二・五・二五参照）（No. 41参照）。

24　ゴミの水分がゴミ処理の能率を悪くしている。普通家庭の出すゴミの五八パーセントが水分である（前掲『市民の手によるゴミ白書』より）。玉ねぎ、じゃがいもなどの皮は広告の紙などでくるんで濡れているゴミと別にする。濡れているゴミはよく水を切って捨てる。

25　海や山へ行った時は、ゴミを捨てないで持ち帰る。特にポリ袋や発泡スチロールなど自然にもどらないものは絶対に捨てたり、海岸の砂の中に埋めたりしない。

石けんを使う

26　洗たくに、台所に合成洗剤を使わず、石けんを使う。合成洗剤の主成分ＡＢＳやＬＡＳは手アレ、湿疹の原因になるばかりか、肝臓障害を起こし、胎児への影響、ＰＣＢ、農薬などとの複合汚染による影響が問題になっている。今や、川で分解しきれないＡＢＳは水道水にまで検出されている。

27　洗たくには粉石けん（固型石けん）を使う。少ない量でよく汚れを落とし、すすぎも簡単（洗濯機ならバッチ式で三分二回）。今は、個人でも粉石けんを入手しやすくなり、デパート、大きなスーパーマーケット、クリーニング店などで買える。ない時は、その店に粉石けんを置くよう声をかける。どうしても手に入らない時、合成洗剤追放運動に協力している藤森商店（岡山県高梁市　電話〇八六六二―二―二六七八）に連絡すると通信販売してくれる。

28　台所では固形石けんや水石けん、粉石けん入りのみがき砂をタワシやスポンジにつけて使う。油汚れはまず古い電話帳の紙などでふきとってから洗う。また、ウドンやソバ、スパゲティのゆで汁は油汚れをよく落とす。

29　シャンプーにもＡＢＳが入っているので、石けんを使う。ふのりや小麦粉のり（大さじ三杯の小麦粉をカップ三・五杯の水でといて煮る）を使うと髪を痛めない。歯みがきにも高級アルコール系洗剤が入っている。ブラシだけまたは塩や「自然のハミガキ」（ＫＫ一海本舗　電話〇四六八―五六―七四八七に連絡）でみがく。

30　自分のできる範囲で合成洗剤追放運動に参加しよう。運動についてくわしく知りたいとき、「合成洗剤追放全国連絡会」（東京都文京区本郷一―一四―一全水道会館内　電話〇三―八一二―四二二一）に連絡する。『日本洗剤公害レポート』（日本地域社会研究所編）など、合成洗剤公害について多くの本が出版されているので読もう。ミニコミ紙としては「洗剤を告発する会」（東京都渋谷区神宮前六―九―一四富貴荘一一号）が毎月発行している『カエル』があり、合成洗剤問題を理解するのに役に立つ。

生活を破壊する騒音を追放する

31　自分自身の生活の中で騒音を出さないように注意する。ラジオ、テレビ、ステレオなどの音は大きすぎぬように。ピアノやエレクトーンなどの楽器をひく時も時間を考え、近所の人にも相談する。また、消音器をつけることも考える。クーラーを買う場合、外に出る音ができるだけ小さいものを選ぶ。

32　一般的に近隣の騒音、たとえば工場からの騒音、クーラー、ピアノの音などに悩む人は次のような市民団体があるので連絡をとり、参加するとよい。騒音被害者の会（会長岩谷十二郎　東京都港区南青山七―一三―二六　電話〇三―四〇九―五八三四）

33　自動車騒音に悩む人は国道一六号線公害対策研究会発行の『三重苦の国道公害／国道公害白書一九七〇』『私たちと国道公害／国道公害白書一九七一』『クルマと国道公害／国道公害白書一九七二』が参考になる。

安全な食品は？

34　買物の時、カンや袋やビンのラベルの表示をよく読んで、合成着色料、合成保存料など、食品添加物のはいらない商品を買うよう努力する。こうした商品をできるだけ多くの人に教え、お店にも置くよう要求する。

35　梅干しや紅しょうが、漬け物、味噌など、自分で作れるものをふやす。

36　無添加のソーセージやハム、かまぼこを買う。西友ストアーや各地の生協などで買える。

37　天然果汁一〇〇パーセントのジュースを飲もう。合成着色料が入っている清涼飲料水は飲まない。

38　無漂白パンを食べる。無漂白粉を使う。無漂白粉を使用した乾ウドンやソバをゆでて使おう。防腐剤などはいっていないし、その上ゆで汁は油汚れを落とすのに使える（No.28参照）。

39　安易にインスタント食品にたよらない。調理に時間がかからず便利かもしれないが、栄養の質は低下するし、本当の味がわからなくなってしまう。インスタント食品ばかりで生活していた元気な独身の青年教師が突然病気で亡くなった例さえある（『月刊地域闘争』「子どもに生活をどう教えるか」一九七五年一一月号）。

40　庭に菜園を作ったり、近くに貸農園を借りたり、窓辺にプランターや植木鉢を置いて無農薬の野菜を作ろう。化学肥料も使うのをひかえよう。『人間家族』（武蔵野市緑町二の五、三一の一）というミニコミが、そうした農業のあり方を教えてくれる。

41　塩分や酸が強いしょう油、ソース、酢、マヨネーズなどはプラスチック容器入りで買わない。また、漬け物や果実酒など食品を長期に保存する時は、ガラス製、木製、陶製（カメなど）の容器を使う。プラスチックの中の成分（フタル酸エステルや塩ビモノマー、安定剤として加えられる重金属）が溶け出して有害（発ガン性の疑いなど）である。

42　現在、ほとんどの食品の中に農薬（水銀など）やPCBがはいっている。まず、それがどんな害をもたらすか、はっきり自分で知るようにする。たとえば、レーチェル・カーソン『生と死の妙薬』新潮社、有吉佐和子『複合汚染』新潮社、朝日新聞社編『PCB』朝日新聞社などを読もう。

43　私達は何も食べぬというわけにはいかない。そこでせめて汚染のより少ない食物を選ぶようにしながら、他方で安全な食品を求めるために行動する。それには新聞への投書、運動団体への参加、政府・企業へアピールをすることがある（いろいろな運動について No. 49を参照）。

道路・自動車公害に反対しよう、自然を守ろう

44　自動車にはどうしても必要な時以外乗らない。公共的輸送機関（電車・バス）を利用する。近い所は歩き、少し遠い所は自転車を使用する。

45　高速道路の建設に反対しよう。道路の拡張に反対しよう。自動車道路がつくられれば必ず通過自動車は増加し、沿道住民ばかりか周辺住民の生活まで破壊される。

46　自然の生態を見直すためにも植物を育てよう（企業の緑化キャンペーンなど彼らの排出する大気汚染量に比較すればまったく免罪にすらならないことを知ろう）。人間に直接害を与え、土壌を汚染するから殺虫剤や農薬は使わない。

47　自然保護に関心をもとう。たとえば、(1)絶滅の危機に瀕している動物（熊、わに、ひょう等）の毛皮でつくった製品をボイコットする（〈サーバイバル運動〉浅野晴義「生態学的規範」より）。(2)海岸の埋立てに反対し、失われつつある干潟を守ろう。

自発的に環境破壊の実態を知ろう

48　新聞記事の中で環境問題に関連があると思われるものは切り抜き、自分自身の資料を作っていく。

49　消費者運動、公害反対運動、自然保護運動など、環境問題に関連する運動には自分でできるやり方で参加する。その際、無理をすると長続きしないので自分のペースを守ること。環境破壊の実態と各地の公害反対運動を知るためには、『環境破壊』（月刊）（東京都新宿区西大久保二―三五〇バプテスト会館三階 公害 問題 研究会　電話〇三―二〇二―七八七五）、『月刊地域闘争』（京都市左京区下鴨松ノ木町八五ロシナンテ社　電話〇七五―七二一―〇六四七）がある。上記バプテスト会館三階には「住民図書館」（開館日　水・金・土午後一時〜五時　入館料二〇〇円）があり、全国各地のミニコミ、自治体資料などが集められている。

50　住民運動にたずさわっている人達はできるだけ〃チッソ〃〃森永〃〃大日本製薬〃など、すでに住民に重大な被害を与えている会社の製品を使うのを避けよう。また、公害企業の海外進出に反対しよう（東京都文京区白山一の三七の九自主講座分室内、反公害輸出通報センター　電話〇三―八一五―一六四八）。

51　子供にも環境破壊を理解させるための絵本がある。「ＰＣＢのえほん」をはじめ、石油たんぱく、ゴミ、農薬などの問題をあつかっている（東京都新宿区若葉一―一〇大洋ビル　東京デザイン内コンシュートピア創造群）。

発行　国道一六号線公害対策研究会
千葉市花園町四四―五―四〇四
中村　紀一
電話〇四七二―七三―一六八二

＜千葉大学祭＞へのあとがき

千葉大学教育学部社会科専攻の諸君、なかんずく宇野昇龍君の叱咤激励によってこのパンフレットは刷り上がった。この提言、実践訓は前文を読まれた方には御理解頂けると思うが、反道路・自動車公害運動の中から生み出されたものであり、決して千葉県××町長が率先して行なっている「ケチケチ運動」と同じではない。むしろまったく対極的な発想から出発しているといってよい。私達は何よりもこの実践訓を政府・大企業といった集団的公害人間に対する抵抗の姿勢として打ち出しているからである。この抵抗の姿勢を欠いてこの実践訓が道徳訓に堕してしまった時、この「環境破壊に抗して何ができるか」のパンフレットは単なる「ケチケチ運動」の紙切れになってしまうだろう。このパンフレットを大企業・政府への抵抗の実践訓とするか道徳訓とするかは、これを読まれる方々の課題である。

なお、このパンフレットは国道一六号線公害対策研究会『クルマと国道公害／国道公害白書一九七二』（一九七三年七月）の一部を改訂したものである。御感想、御意見、御批判など、上記研究会あてに御連絡頂ければ幸いである。

付記　このパンフレットは『国道公害白書一九七二』収録の「環境破壊に抗して私達に何ができるか」を一部修正、七三年一一月千葉大学祭に配布したものを原型としている。今回、本書に掲載するに当たって全項目を再検討し、現時点でできる限りの改訂を行なった。その任は主として国道一六号線公害対策研究会事務局の中村文江が当たった（一九七六年四月）。

8 実践者との出会いの中で

仲井　富

公害研発足のきっかけ

問　公害問題研究会ができて「環境破壊」の発行が始まってから満六年ですが、これを初めてやろうと思ったのはいつごろからですか。

仲井　正確にいうと、公害問題研究会をつくったのは「環境破壊」を発行する前年の昭和四四年春のことです。そのころはまだ社会党の本部にいまして、国民生活局というところで公害総点検運動というのをやった。当時の局長が田中寿美子さん（参議院議員）で、全国二二都道府県の公害地域を当時の成田委員長、江田書記長らが先頭になって実地調査と対話集会などを行なったのです。そのときこの調査に専門的な立場でいろいろ助言、協力してくれたのが、横浜市の当時、公害センターの所長をしていた助川信彦さんと東京都の公害研究所で大気部長をやっていた大平俊男さんです。それでこれをまとめてこの年の五月二一日に『住民の公害白書』として発表しました。

問　たしか政府の『公害白書』もこの年にはじめて発表されましたね。

仲井　そうなんです、四四年の五月二三日です。こちらとしては向こうが出すことは薄々察知していたから政府のあとでは面白くないから先に出してやれということで急いだということもありました。そういう総点検運動のなかで少しは勉強もしようということになり四四年の四月一〇日に、横浜市野毛山にある市の職員寮で助川さんの肝煎りで公害研究会というのを開いたのです。

助川さんとの出会い

問　その研究会のあとで一杯飲みにいって公害問題研究会発足のきっかけになったと聞いていますが……。

仲井　その通りなんです。あれは京浜急行、日の出町駅近くのガード下の喜奴屋（きぬや）というふぐ屋さんで、助川さんがよく酒を飲みに行くところなのです。そこへちょっと一杯飲もうと助川さんが誘って、当時、東京都の公害局長であった富沢操さんと大平さんとぼくの四人で入ったのです。そこで四人で気勢をあげて、とにかくぼくが公害問題研究会というのをつくるから協力しよう——ということになった。住民運動もふくめていっしょになにかやろうじゃないかということでなんとなく精神的結合ができた。

問　助川さんとはその後もずっとつき合いがあるわけでしょう。

仲井　そういうことです。この人は水戸っぽですから、身体はでかいけど、器用ではないのです。話も上手ではないし、愛想もわるいし、はじめて会ったときは、やっぱり役人というのは感じ悪いなあと思ったものです。でも喜奴屋で会ったとき、助川さんが、鶴見の保健所長をしていたときの話をきいて一緒にやれるなと思った。鶴見の潮田（うしおだ）地区で日本鋼管の赤い煙をなんとかしろと、二万人の署名簿をもって住民が〝保健所はなにもやってくれない〟とどなりこんできたというのです。それでその署名簿をもって日本鋼管にかけ合って電気集塵器をつけさせることになった。やはり役所だけでは駄目で、住民運動の力がなくてはと助川さんが述懐したのです。

問　横浜市の公害行政については、その後はいろいろと問題もあるわけでしょう。

仲井　ええ、それは、横浜方式というものの功罪をふくめて、革新自治体の公害行政にぼくなりの批判はあります。だけど当時としてはこちらは公害問題についてはズブの素人で、西も東もわからない時だから、助川さんや大平さんの助言と協力がなければスムーズにスタートできなかったでしょうね。それで七月一〇日に公害研究会がスタートします。それから毎月一回研究会をやろうということになり、『エネルギーと公害』の内山卓郎さん、全漁連の汚水公害対策本部にいた石田好数さん（漁民研究会）などが協力してくれました。公害日誌も正確にはこの年（昭和四四年）の七月からつくり始めたのです。

問　それから『環境破壊』を出そうということになるわけですね。

仲井　ええ、ちょうど翌年の四五年三月末に事情があって社会党本部を辞めることになった。そこでなんのあてもないけど、前から考えていた公害問題と住民運動をミックスしたような月刊誌を出したいと思ったのです。いっしょに辞めることになった奥沢喜久栄さん(『環境破壊』編集長)にいっしょにやらないかと誘ったらやりましょうというのです。それに渡辺文学さん（公害問題研究会事務局長）が加わってきた。助川さんも辞めてすっきりしてやってみろと激励してくれまして、やろうということになった。まったく展望のないスタートの時に、奥沢さんという地道な粘り強い編集者を得たこと、渡辺事務局長のように社交性に富んで、営業的才能のある人物が協力してくれたことは偶然とはいえ幸運であったと思います。これが六年間も続いた最大の原因です。

問　『環境破壊』のような月刊誌を出そうというのはどういうきっかけからですか。

仲井　それは前年の公害総点検運動が大きく影響しています。ぼくが公害地域の住民運動にふれて痛感したことは第一に革新政党としての社会党やそれを支える労働組合というものが、本当に下積みとなっている民衆の困難を代弁できなくなっているという自分自身もふくめての反省、二つには住民運動のひとりひとりがもっている手弁当のエネルギーというか清新な問題提起に心をひかれた。そのことへの好奇心です。そして三番目には住民運動のつくり出している資料、パンフ、チラシなどのすばらしさです。それを埋もらせないで全国的に交流し生かしたいと切実に思った。これが公害研および『環境破壊』発刊の原点のようなものです。いままで一貫してやってきたことはそのことをささやかながら実現したいという一心です。

住民運動を支えている人間群像

問　住民運動をめぐる人間にたいする好奇心という面もかなりありますね。

仲井　それがいちばんの中心であって、住民運動を支えている人間群像というものにつきせぬ興味と好奇心をもった。それが、さまざまな人たちとの交流と友情を生み出したといえます。その交流の中に公害研が生まれ、「住民ひろば」(四八年六月)につながります。そして五一年四月の「住民図書館」設立へと発展してきたと思います。

四四年から四五年にかけて関心をもったのはひとつは富士川火力に反対する富士市民協の大衆的実力闘争です。もうひとつは対照的に個の闘いとして徹底した和歌山の宇治田一也さん(和歌山から公害をなくす市民の会)の三三日間のハンガーストライキです。四四年三月四日から住友金属の海水浴場埋立てに抗議して「海水浴場を守れ」と和歌山県庁前で宇治田さん一人でハンストによる抗議を行ないます。そういう強烈な個の闘いというもの、それを支えている人間の内実というか、意識というかそういうものをもっと知りたいという気持です。それで全国を沖縄から北海道まで歩いた。宇治田さんの闘争記録は『海があちらへ死んで行く』(松本英昭著)という一新聞記者の自費出版によって残されています。ところがこういう記録が飯島伸子氏(東京大学)の『公害及び労働災害年表』(公害対策技術同友会刊)などにも欠落しているわけです。そういう土着の知られざる闘争を住民運動史の中に正確に位置づけて行くことも必要です。

問　『環境破壊』が発行されたのは四五年の春でしょう。

仲井　一九七〇年六月号が創刊号です。ちょうど刷り上がったのが、五月一二日で千葉市で開かれた自治研集会の日に間に合った。ここへ当時、高校教員で千葉の公害問題について早くから調査、研究をしていた井下田猛さん（日本工業大学）が、公害分科会の助言者として出席していました。彼が『環境破壊』の創刊号を激賞、推せんしてくれまして、たちまち売り切れた。出発のときから全員配布を原則としていたから、たちまちその場で三〇名くらいの会員ができた。それでこれはいける——という自信のようなものをもった。まあこんなところから本格的に全国の住民運動の人々とのつき合いが始まることになります。創刊号に寄稿してもらった最初の人が十七巳之助さん（川西市南部地区飛行場対策協議会）で、十七さんは公害研の第一号会員でもあります。

問　公害研の関西センターもそのころできたわけですね。

仲井　『環境破壊』の創刊と前後して大阪の牧内正哉さんなどが中心になって関西センターをつくった。それに後藤正治さんが後で加わってこの二人を媒介として大阪、兵庫など関西の住民運動との交流が始まりました。西村徹・夫佐子夫妻（反公害堺泉北連絡会）、小山仁示さん（道路公害反対運動大阪連絡会）、ゼネ石精労組などいろいろ協力してもらった。とくに西村さんには関西だけでなく、「住民ひろば」とか「住民図書館」とか新しい構想を出すときに常に相談役になってもらって実に助かりました。

問　西村さんは大阪女子大の英文学の先生でしょう。

仲井　おとなしい人なんですが、あるところに「なぜ住民運動に参加するか」ということを書いています。その中で大学教師が専門家で専門知識を媒介としてのみ運動とかかわりあうべきだという考え方はおかしいというのです。「住民運動というのは、その処理の任にあたるべきクロウトがまったく機能しなくなって、シロウトの当事者がクロウト抜きで自ら処理に乗り出さざるを得なくなってのことだ。」だから学者も肩書きをはずしたところから庶民の列につらなってみたらよい、それができないのは「多分こういうことだろう。たしかに学者は人権の立場に立つ。人権の立場に立つ以上、民を護る使命がある。だから護民官であっても民そのものではない。なんという特権意識！　そしてなんという俗物根性であろう」というのです（『エコノミスト』一九七四年四月一二日号）。公害運動にかかわっている学者、専門家の姿勢を問うていて面白いですね。

甲田・宮崎両氏との出会い

問　初期のころにいちばん関心をもっていた住民運動はどういう地域ですか。

仲井　それがはっきりいって、当初からぼくはなぜか被害者の運動よりも、公害予防闘争のようなものに心をひかれた。もうこのころは四日市などの被害者運動はマスコミにもかなり大きくとりあげられていた。だけど公害が出てからより、出さない運動、発生源をつくらせないという考え方に興味と関心をもった。そういう関心とのつながりで、実践的、理論的にはっとさせられたのは、富士川火力反対運動の甲田寿彦さん、横浜新貨物線反対同盟の宮崎省吾さんの二人です。このお二人は、住民運動を考えるうえで自分の最初の師だといえます。

革新の怠慢を告発

問 甲田さんのどういうところに関心をもったのですか。

仲井 甲田さんにはじめて会ったのは昭和四四年六月一〇日の富山における自治研集会のときです。当時ぼくとしてははじめて『住民の公害白書』をまとめて、売行きも好調で多少いい気分になっていた。ところがその自治研集会の公害分科会の席上で甲田さんに鋭い批判をうけた。「社会党が公害総点検をやったというが、死者が出てから手をつけたというのは、革新政党としては非常に無力で怠慢だったと思う。住民運動はそうした革新の怠慢をも告発しなければならない」という手きびしいもので〝冷汗三斗〟の思いでした。

問 甲田さんは、昭和四五年一月に富士市に誕生した渡辺革新市政にたいしても一貫してきびしい批判をしていますね。

仲井 いやそこのところは多少の誤解があります。前年の四四年三月一九日、富士川火力反対運動にとって画期的なできごとがあった。富士市議会が住民の目を盗んで深夜議会を開き、いわゆる「議場乱入」という事態を誘発したのです。これがさらに住民運動に油をそそぎ、翌年一月一九日、誰もが予想しなかった革新市政誕生のエネルギーとなったわけです。甲田さんはそのあと『環境破壊』に一文を寄せていますが「公害は、革新自治でなくては追放されないことを、わたしたちは全国の多くの事例と、斎藤保守市政によって学びとっていた……」と素直に革新市政の誕生を喜び、それに期待を寄せるのです(「革新市政以後の富士市、一つの提案」『環境破壊』一九七〇年七月号)。このなかで甲田さんはその後の運動についていくつかの具体的な提案をしています。そのひとつとして「これからの公害反対の運動は〃都市計画への市民参加〃の性格を強めなくてはならない」とか「住民の手による新しい地域開発構想をかかげて火力建設阻止をかちとろう」などと革新市政との連携による市民運動の強化を訴えています。

問　それがどうして富士の革新市政と離反して行くことになったのでしょうか。

仲井　いろいろな見方はできるけれど、ぼくはここに全国に共通している住民運動と革新行政の悲劇的な関係を見るのです。結論的にいえば、甲田さんの提案を革新市政や、それを支える社会党、労働組合などが、消化できる体質をもっていなかったと思います。甲田さんは同じ論文のなかで「われわれの運動は、現代の都市と文明について、その最も深い病としての公害を告発することによって、人間のための都市とは何かを問うているのである。そのためこの運動は、市民総学習を目ざした文化運動でなくてはならない。土民、土語による対話をひろげることによって運動の輪を広げなくてはならない」と述べています。このような思想による住民運動からの「新しい富士市の都市計画への住民参加」という提案を生かし切れなかったことはきわめて残念なことだし、その責任は主として革新の側にあったとぼくは思います。

〝地域エゴイズムを下に掘り下げよ〟

問　横浜新貨物線反対運動の宮崎省吾さんとは、どういう関係で知り合ったのですか。

仲井　彼と会ったのは昭和四五年の七月で公害研の研究会に講師というか、報告者としてか出席してもらった。というのは当時、宮崎さんが『朝日ジャーナル』に「公共の住民襲撃に抗して」という一文を書いて、横浜市と国鉄の新貨物線計画を批判しました。それを読んで非常な感銘をうけた。これはいちど会って話を聞いて確かめたいと思ったのです（『朝日ジャーナル』一九七〇年六月二一日号）。

問　何故、会ってからでないと確かめられないのですか。

仲井　それはこの七年間の住民運動とのつき合いのなかで一貫したぼくの姿勢です。それまでのいわゆる革新運動の中で生きてきて、学者、評論家、理論家といわれる〝口説の徒〟にうんざりしてしまった。左翼だとか、反公害だとか住民の味方づらをしている学者、評論家の「実践なき論評」は有害無益だと信じているところがある。住民運動だって自分が直接会って確かめてからでないとぼくはつき合わない。だから沖縄から北海道まで、住民運動の人をたずね歩いたともいえるのです。まあそういうことで宮崎省吾さんにも電話をして一度話を聞こうということになった。

問　『朝日ジャーナル』の「公共の住民襲撃に抗して」のなかで宮崎さんはなにをいったのですか。

仲井　ぼくがもっとも新鮮な感じをもって読んだのはつぎのところなんです。「過去の住民運動の敗北の主体的条件をさぐれば、一つには住民運動に反独占闘争あるいは左翼の論理をもちこみ、真の敵は政府、自民党であるとか、安保体制だとか主張し、運動自体を『保守・革新』のカテゴリーにおける革新陣営の運動にしてしまったことであろう」という指摘です。簡明、率直でしかも大胆に痛いところをついています。これでは住民運動の内部は分裂すると宮崎さんはいうのです。「敵を明確にせねばならぬということは確かである。しかし住民運動にとっての敵とは、具体的な新貨物線とか、道路とか、ゴミ処理場であって、抽象的な安保体制などではない。」と諸要求を網羅してものをいう革新政党の発想を批判しています。

住民運動相互間の共闘論について宮崎さんは「住民運動相互の共闘は、地域エゴイズムから出発して、より高度な政治共闘へという形であってはならないし、またそうなるわけがないということである。あべこべに地域エゴイズムを下に掘下げ、その底辺に成り立つ共闘である。地域のことはそこの住民が一番よく知っている」といいます。これについてもいろいろ別なところで批判はあるだろうが、ぼくには実にユニークで目のさめるような思いがした。

問　公害研の会議ではなにをしゃべってもらったのですか。

仲井　まあ結局のところ宮崎理論というのは、逆説的にいうと「住民運動は革命を目ざさない」ということなんです。そこでぼくは「住民運動はなにを目ざすか——というテーマで話をしてほしい。革命なぞ目ざさないということをしゃべってくれ」とたのんだのです。四五年の七月二二日に公害研の月例研究会に宮崎さんが来てくれました。臼杵の小手川さんも聞きに来て大いに賛同して、宮崎さんも臼杵に引っぱり出されることになる。この研究会の席上ではじめて例の有名なフランツ・ファノンの言葉を引用したのです。

問　フランツ・ファノンの『地に呪われたる者』（鈴木道彦他訳、みすず書房刊）のなかからですね。

仲井　『地に呪われたる者』の第三章「民族意識の悲運」という項のなかでファノンはつぎのように述べています。「ひとつの橋の建設がもしそこに働く人びとの意識を豊かにしないものならば、橋は建設されぬがよい、市民は従前どおり、泳ぐか渡し船に乗るかして、川を渡っていればよい。橋は、空から降って湧くものであってはならない、社会の全景にデウス・エクス・マキーナによって押しつけられるものであってはならない。そうではなくて、市民の筋肉と頭脳とから生まれるべきものだ。」宮崎さんはこれを引用して「橋というものは非常に公共性の明らかなものだ。その公共性の明白なものですら、その橋を住民なり、それを利用すべき人たちが我がものになるまでは作られない方がよいといっているわけです。そういう考え方（橋を我がものにするための思想）が、住民運動の原点ではなかろうか」というわけです。

住民運動の決定的モメントは〃地域性〃

問　宮崎さんは、〃地域性〃というものをなによりも重視していますね。

仲井　そうです。同じ研究会でファノンを引用して、「〃地域エゴイズム〃ならぬ〃地域性〃というものこそいっさいの普遍性の基礎であるというふうに考える」といっていますし、後に書いた「われこそが『オカミ』なり」（『月刊地域闘争』一九七一年六月号）のなかでもさらに強くこれを主張しています。宮崎さんはこのなかで「左翼による地域特殊性のいとも簡単な捨象」をつよく批判し「住民運動の決定的なモメントは地域性である。……これを軽視しては運動は絶対に成り立たない。これを簡単に捨象して、……軍国主義化反対の運動や反独占闘争にまで高めなければというのはとんでもない話である。問題は実態であって言葉ではない。いずれにせよ、運動の基礎に分裂の要因をもちこんでは統一も団結もへったくれである。」といい切っています。

問　いわゆる「市民主義批判」にたいする住民運動からの一つの回答を出していますね。

仲井　遠藤晃氏（立命館大学）が松田道雄氏の「市民運動についての個人的見解――討議のために」（『市民』一九七一年三月号）にたいする批判としてつぎのようにいっています。「現代はすでに確立された資本主義社会である。人びとは截然と階級に分かたれている。……政治を避け、政党を避けて問題の解決はない。それぞれの地域での住民運動組織を強め、……民主政党（共産党？――引用者注）の指導のもとにそれらを大きく統一戦線に結集して行く道……」（「講座　現代日本の都市問題8、都市問題と住民運動」汐文社刊）。そういう革新政党主導型の住民運動論とまったく異なった考え方です。伝統的な左翼の大衆運動論批判をふくめて住民運動論としては最高水準のものが、実践者の手によってつくり出されたことは意味深いですね。

臼杵の公害予防闘争

問　臼杵の大阪セメント反対運動が起きたのもたしか昭和四五年の春でしたね。

仲井　本格的にはじまったのは四五年の四月ごろからですが、その前年の四四年一〇月に臼杵の風成地区にセメント工場誘致計画が知らされるのです。風成は戸数一六七、人口一〇〇〇名に満たない小さな部落で、八割が漁業に従事しています。この風成地区の婦人たちがその冬から署名運動など熱心な反対運動をはじめていました。

問　それから地場産業や地区労などが反対運動に立ちあがって来るわけですね。

仲井　臼杵市は人口四万人余で、ここにフンドーキン、富士甚という醬油や酒をつくる会社と臼杵鉄工という造船会社があり、これを称して臼杵の御三家というのです。この御三家の中でフンドーキン副社長の小手川道郎さん、地元の製薬会社社長の後藤国利さんなどが中心になって勉強した結果、これは大変なことになるということで反対意志を表明するわけです。これに臼杵地区労の亀井一成さんという議長なども加わって反対運動が本格化し四五年の四月一三日に「臼杵市を愛する会」というのが発足します。そして四月一七日に大分合同という地元紙に「臼杵市を白い町にしないで下さい」という全頁広告を出して世間をあっといわせました。当時の金で五五万の広告費をかけたわけです。

自主性、自立性を大切にする

問　小手川さんなどと公害研とのつき合いが始まったのはそのころでしたね。

仲井　ええ、ちょうど四月末に自治労本部で自治研集会の手伝いをしていたのですが、そこに小手川さんの奥さんがたずねて来られました。たまたまぼくが応待に出て、さっきのような反対運動の話をされて、東京でいろいろ協力してほしいということでした。それでなんとなくそれ以後、臼杵の運動の東京の窓口みたいになったのです。

問　宮崎省吾さんも『いま公共性を撃つ』（新泉社刊）のなかで、「臼杵の運動は仲井富氏を媒介にして実に多数の人間を現地に呼んだ」と書いていますね。

仲井　なによりも、さきほどもいいましたように、公害予防闘争ということに興味と関心を抱いていたから、小手川夫人の話を聞いてぴんと来た。これは面白い、いけるという予感がした。それでいちど自分も行って見ようと思った。そのうちに「臼杵市を愛する会」と風成漁民との共闘体制がすすみ、「公害追放臼杵市民会議」に発展してきました。七月の一六日に市民会議の集会があり、ここに招かれて、助川信彦さん、大阪の塚谷恒雄氏（京都大学）、女優の亀井光代さん、それにぼくの四人が講師ということで参加した。そのときはじめて小手川さん、後藤さんと対面したのです。

問　そのときの印象はどうでした？

仲井　大分空港まで小手川さんがむかえに来てくれまして車のなかで話をした。そのなかで大阪セメントの公害反対をはじめてから、地場産業も廃水をたれ流しにしているではないかという批判や反省が起きたというのです。結局、サントリーの臼杵工場や小手川さんのフンドーキンも公害防止装置をつけることになった。「地域の工場に公害防止をさせるには公害反対運動がいちばん役に立つ」というのです。小手川さんも、後藤さんも実にもの静かで「闘士型」とはまったく無縁で、人間的にも面白いと思った。

それから臼杵市民会議の役員会のようなものに出席したのですが、実にのんびりしたものです。ぼくたちの常識からいうと原案があり、議題が決まっていて、議長が整然と会議をリードするということなのですが、小手川さんなんか、「今日はなにをやろうか」という具合なんです。こんなことでいいのかな、たよりないなと内心不安に思っているうちに、段々話が進んで行き、市長宅におしかけて座り込めというような方針が決まってくる。みんなの自発性というか自立性というものを大切にしていて、しかも空理空論はまったくない。

革新政党とのトラブル

問　臼杵でも社会党、共産党と市民会議の関係とではいろいろのトラブルもあったわけでしょう。

仲井　それはありました。とくに市長リコールとか選挙のときには政党との関係がいちばん表面化してくる。それについて小手川さんが面白いことをいっているわけです。要するに大事なときにものが早く決まらないから困るというのです。市民運動は選挙のときでも個人の判断で決まる。社会党、地区労は県本部段階で相談すれば大体方針が決まる。いちばん困るのは共産党で中央委員会までおうかがいをたてなければ市長選での共闘などについて態度が決まらないから時間がかかってしょうがない——というのです。小手川さんは「紳士ゲリラ」というあだ名があるくらい、反対運動をしていながらも大阪セメントの関連上部企業に顔を出して情報を探ったり、自民党議員にも工作したり自在に出没して動き回るわけです。それが頭の固い人たちには理解できない。

問　そこで最終的には、市長選挙における共産党との対立という形になって現われてくる。

仲井　まず最初に昭和四五年一〇月に市長リコール運動をはじめて、一一月一三日の市長選で市民会議の推した候補者が敗北します。これから翌年の二月一二日の風成の強制測量で漁民のカアちゃんたちが荒縄で身体をイカダにしばりつけて抵抗するわけです。このあたりが一番苦しい時だった。ところが福岡地裁における「埋立免許取消訴訟」で勝訴してから情勢は一転し、四六年八月二三日投票の市長選に候補者を出せば勝てるのではないかというムードになってきた。ところが小手川さんや後藤さんたちは保守派から出る新名順次氏が大阪セメント誘致について最高裁の決定が出るまではストップするということを約束すれば対立候補を立てないという考え方になった。

問　それに対しては、風成の漁民からも当然不満や、批判の声が出るわけでしょう。

仲井　そういうことです。このあたりのことは松下竜一さんの「風成の女たち」(朝日新聞社刊)にもかなり書かれています。ぼくもそのころ臼杵に行って後藤さんなどからも意見を求められた。それに対して、ぼくとしては「市民運動というのは大阪セメント阻止が目的であって、選挙は手段でしかない。大阪セメント誘致をやめさせるうえで有効なら選挙をやらないのも戦術のひとつでしょう」といったのです。それで共産党が最終的に対立候補を立てて惨敗するのですが、こちらは党勢拡大が目的ですから、市民会議の判断とは次元が異なるわけです。まあこのあたりが、判断の難しいところですが、ぼくとしては当時、市長選に対立候補を立てないという小手川さんたちの考えは、いまでもまちがっていなかったと思います。

問　三島、沼津以来の反公害住民運動が、革新首長をかちとって行くという風潮とはちがった傾向がでてきたわけですね。

仲井　たしかに、臼杵の市民運動は、「住民運動と選挙」というテーマについて別の回答を出したと思います。そのことについて後藤さんが『環境破壊』に「市民会議と選挙」と題して、考え方を述べています(『環境破壊』一九七一年九月号)。このなかで後藤さんは「私たちの取り組んできた運動が選挙を目的としたものでなかったことを理解してほしい。市民運動といわれるものは政治が、市民のために少数も無視せず、民主的に運営されていないときに、市民が反発して起こす運動といえる。したがって市民運動は、必ずしも、政権(今度の場合は市長の椅子)を自らの手におさめて、自らの手で政治をよくすることだけを目的とするものではない。誰が市長であろうと、市民を無視できないようにしなければならないし、そうなれば自ら市長にならなくても目的は達する」といっています。したがって大阪セメント誘致の張本人であった現在の市長が退陣を余儀なくされたこと自体が成果であるというのです。そして新しい保守系候補者に「風成裁判の高裁判決の如何にかかわらず、最高裁の判決があるまでは、大阪セメントに埋立てをさせない」ことを公約させたことは、実質的に大阪セメントは進出出来ないことだと判断したわけで、事実そうなったのです。

問　臼杵の市民運動を語る場合、風成漁民の闘いを無視できないと思いますが。

仲井　それはなんといっても風成のカアちゃんパワーを中心にした風成地区漁民の突撃力というものが中核であったことは否定できない。それに地区労の組織力が加わり、地場産業の智恵と資金力がミックスして公害予防闘争の典型をつくり出したと思います。伊達火力の有珠漁協とも似ているのですが、絶対に漁業権を売らない漁民が存在するということは大きいです。何故そうかといえば専業漁民であって、漁業だけで生計を立てることができる。そういう海と生活を守り抜こうという強さです。だが日本全体からいえば、海が汚れて漁業ができなくなって、海を売り渡して工業基地となって行くということでしょう。そういう意味でも風成漁民の公害予防闘争というものは公害元年といわれた四五年における住民闘争の方向を示したといえます。公害研究会発足早々に臼杵の運動とかかわったことはいろいろな意味で得るところ大でした。

熊倉平三郎老人のこと

問　臼杵のあとは、直江津火力など反火力運動との交流が始まったわけですね。

仲井　反火力運動というより直江津火力反対運動の中心人物である熊倉平三郎さん（黒井生活を守る

会）との出会いが最初でした。熊倉さんとは、昭和四五年六月一一日、東京で第三回公害対策全国連絡会議（公害連）が開かれたときはじめて対面しました。非常な熱血漢で、六〇歳をすぎているのに会議の席上で、直江津市政攻撃の熱弁を滔々と演説し、その熱意というか闘魂にうたれました。それ以来なんとなく気が合って、親子くらい年がちがうのに仲良くなってしまった。

この年は公害元年といわれた公害ブームのときですから、公害連の総会にも住民運動の面々がよく集まりました。川崎の前田文弘さんもこのとき現われて、声のでかいのにびっくりしました。黒井生活を守る会が結成されたのは、昭和四二年八月二四日でそれから昭和四七年三月二九日、上越市議会で黒井火力建設計画の白紙撤回をかちとるまで、足かけ六年の反対運動がつづいたのです（『火力発電所建設反対闘争経過表』黒井生活を守る会）。

問　黒井生活を守る会の火力反対運動の特徴はどういうことにありましたか。

仲井　ここは、臼杵とか、それにつづく伊達火力の反対運動とちがって既存公害のまっただなかにおける火力建設反対運動で、状況からいうと富士川火力の反対運動と似ているところがあります。それだけに切迫した雰囲気がありました。黒井は旧八千代村のなかにありましたが、直江津市に合併し、それから昭和四六年四月から高田、直江津両市が合併して上越市黒井ということになるのです。日本海を背にした戸数約三〇〇戸位の半農半工の部落です。しかも黒井の反対組織というのは圧倒的に老人と婦人で、「老人決死隊」というのが黒井の中心的な行動部隊であったということです。

問　老人中心の反対運動であったというのはどういうところに原因があるでしょう。

仲井　結局のところ、昭和三〇年代の高度成長のなかで直江津臨海工業地帯が造成され、黒井はそれに包囲されて行くのです。西に信越化学、東に日本海水化工、北に出光石油、帝国石油タンク群、南にマンモス工場を誇る三菱化成とフッ素ガス、亜硫酸ガス、悪臭のなかに黒井は存在している。「かかる公害の最中に人家をはじめ保育園・神社仏閣等の公共建造物等と物の数メートルも離れないところに七〇万キロワットの火力発電所計画が東北電力と市当局によって押しつけられた」と熊倉さんは四七年一月、大石武一環境庁長官への陳情書で訴えています。しかも青壮年層は東京に出たり、その周辺の公害工場で働いているわけですから、いわば全日制住民としての老人主体にならざるを得ない。

火の玉のような気迫

問　熊倉さんの個性というものが、黒井火力反対運動のなかで、大きな影響をもっていると思うのですか。

仲井　それは強烈なものがあります。熊倉さんは教師でして、県下の中学校長を最後に退職して、故郷の黒井に家を建ててかえってくるわけです。熊倉さんは、「これから好きな絵でもかいて、旅行でもしてのんびり暮そうと思っていた」と語っています。昭和四二年に退職、これから平和な余生をと願った黒井地区に火力発電所の計画が知らされる。この無暴さに心底から怒るわけです。熊倉さんは「このまま黙していては、われらが先祖伝来の墳墓の地である黒井が公害によって滅ぼされる。それを許すわけにいかない」というのです。

公害に対する怒りとおそれとともに熊倉さんが機会ある毎に告発したのは自治体行政です。この場合は合併前の佐藤直江津市長のことです。熊倉さんは、口を開く度に、昭和四三年六月一〇日、市議会で誘致決議をしたときのことにふれ、「佐藤策次市長は、黒井の犠牲はやむを得ない。黒井住民にはサンドイッチになってもらって、うまい肉を食ってもらうのですといった」と地元住民不在の圧政をののしっていました。

問 先祖伝来の土地を守れというような郷土意識は都市の住民運動にはあまり見られませんね。

仲井 これは農、漁村特有のものでしょうね。たとえばいささか驚いたのは、昭和四六年八月二四日、はじめて黒井に行き闘争四周年記念集会というのに出たときです。まず全員が土地の氏神様を祭ってある神社にあつまるわけです。そこで神主が祝詞をあげて、おはらいをするのですが、その祝詞もちゃんと公害から郷土を守るため黒井の氏子一同がたたかっている、神様もこれを守ってやってくれというようになっている。全員正座してうやうやしく祝詞とおはらいを受けてから行事がはじまるのです。宮崎省吾さんが、「地域性の重視」ということを住民運動の根底にすえなければならないということをいっているが、まさにここには強烈な地域性というか郷土意識というかそういうものがある。

問 熊倉さん自身も、いわゆる左翼の思想とか運動とかには無縁の人でしょう。

仲井 まさにその通りです。熊倉さんは戦後間もなく田中角栄氏が新潟で立候補したとき、一、二度応援しているのです。それはどうしてかというと、「少年時代の田中角栄の苦闘は青少年の範とするに足りる」という教育的見地から熱心に応援したというのです。そういうわけで郷土愛とか神社に対する尊敬とか、保守主義者ですよね。それがまさに火の玉のようなエネルギーを発揮して反公害闘争にその余生というより全生命をかけるわけです。というのは、白紙撤回をかちとって、四七年三月三〇日に勝利報告大会が黒井公民館で開かれたのですが、その報告中、壇上で倒れ、そのまま入院するのです。脳溢血で半身不随となり、いまなお病床に呻吟しています。壮烈というかなんというか、悲壮な〝運動の結末〟でした。

〝生き残るためにはたくさんの木片が必要〟

問　新潟といえば、新潟水俣病の近喜代一さんも、勝訴して間もなく亡くなっていますね。

仲井　近さんといっしょに、さっきいった四周年集会のあと熊倉さんのお宅に泊めてもらったのです。そのとき三人でいろいろとしんみりした話もしたのですが近さんが政党とのことで苦労した話もなかなかあじわいがあった。近さんたちは最初、民医連、共産党からの支援を受けますが、そのときは「お前らはアカになったか」という批判が出るわけです。これにたいして近さんは「人が海でおぼれようとしているときに、それがどんな色をした木片であろうとそれにすがりつかなければならない。アカであろうがクロであろうが助けてくれるものにすがりつく以外にない」と答えたというのです。水俣病問題が大きな社会問題になり支援の輪が県労協から社会党にまで及ぶと、こんどは民医連、共産党からお前たちはいままでの恩を忘れたかと問いつめられたというのです。近さんはその時は「私一人だけならあなた方にすがっておればよい。しかし海でおぼれようとしている人は他にもたくさんいる。生き残るためにはたくさんの木片が必要なのだ」と答えたそうです。

問　勝訴したといっても、それぞれに内部にはたくさんの人にいえない苦労があるものでしょうね。

仲井　それは大変なもので、近さんも一人一人考え方のちがう被害者をまとめて、さらに支援団体に気をつかってやせる思いをしていました。でも近さんは「苦労もあるけど、この数年間の人生は本当に生きたという気がする。自分の言葉でしゃべり、自分の恨みや怒りを県知事にも、企業や、大臣にも直接ぶっつけることができた。苦労もあるがたのしかった。」としみじみいってました。そういう話をした翌月の九月二九日に勝訴しますが、二年足らずの四八年春に近さんは病気で亡くなります。近さんはひっそりとした静かな人で、細い小さな身体を水俣病闘争にささげつくしましたね。

〝住民運動の栄光と悲惨〟

問　住民運動のことを気軽に、〝住民エゴ〟とか〝地域エゴ〟とかいう人も多いけど、エゴのために生命までかけられるものだろうか。

仲井　東京の研究室のなかで住民運動を解析して分かったような顔をして稼いでいる学者や研究者にいいたいのはそういうことです。ぼく流にいえば〝住民運動の栄光と悲惨〟ということです。勝利したといわれる住民運動のなかにさえ、これだけ多くの人間の犠牲と哀しみがつまっているということです。

黒井のある老人がいいました。「勝ったというが、元にもどったということにすぎない。既存公害は相変わらず降りそそいでいる。私たちが空費した貴重な年月は誰もかえしてくれない。条件派との血みどろの対決で住民同士がきずつけ合った。その心の傷はなかなか元にもどらない。失ったものはあまりにも多い。」白紙に還元したことによってただの一銭の経済的利益も黒井地区の住民は得ていない。ぼくは累々たる屍のうえに勝利の旗が舞っている場面を想像します。そういう悲しみや、苦労の重さを誰が推し計れるかということです。そういうことを想像もできない輩が、住民運動を調査し、コンピューターにかけて類型化したりして勝手な解析を加えている。

問　昭和五〇年の春に発表された日本経済調査協議会（日経調）の「住民運動と消費者運動――その現代における意義と問題点」などはその典型ですね。

仲井　ここでいわれていることは一言でいうならば、法と秩序を守らない住民運動は断固として切るべしということです。この日経調報告で委員として主要な役割を果したのが東大助教授の松原治郎氏です。ところがこの報告のなかで使われていた住民運動の実態調査なるものは、松原氏などがやった社会工学研究所の委託調査を無断使用したということで問題になった。

問　でもおかしいですね。松原氏は日経調の委員ですから、自分たちの調査報告が使用されることを事前に知らぬわけがないでしょう。

仲井　そこが学者という人間のわけのわからぬところです。しかも松原氏たちの調査なるものも社会工学研究所が内閣調査室に委託されたもので、彼らは知らずして政府の住民運動調査に協力させられたと弁解しています。両方に名前を連ねて、両方から金をもらっているのに、無断使用だとか、政府の住民対策の調査とは知らなかったとかよくいえたものだと思う。ぼくは熊倉さんのことを思うたびに、住民運動知らずの、東京の調査屋によって、人間不在の歪曲された調査報告がつくられることを残念だと思って腹が立つのです。

反火力運動の人々

問　反火力運動の人たちとのつき合いが、公害研と住民運動とのかかわりのなかで、かなり大きな位置をしめていますね。

仲井　とくに反火力ということだけではなく、そのほかの運動の人々との交流も無限にひろがって行くのです。しかし初期に黒井や伊達などの反火力運動とかかわりをもったということが、反火力運動の人々とのつながりを深いものにしたということがいえる。銚子火力反対運動も四五年に始まって、ここはその年に白紙撤回という成果をかちとるのですが、この運動もすばらしいものでした。このリーダーとして全国的に有名なのが、銚子聖公会の松本文さんです。松本さんとは四五年一一月二六日の公害被害者全国大会以来のつき合いです。

問　伊達火力の運動とは、いつごろからつながりがはじまったのですか。

仲井　伊達火力というより、北電誘致に疑問を持つ会の正木洋さんとの因縁がかなり古いのです。

北電誘致に疑問を持つ会がつくられたのは昭和四五年の九月一〇日で、これが伊達火力反対運動の第一歩のはじまりです。そして翌年の春に、一人の学生が『環境破壊』をほしいと公害研の事務所にやって来た。それで彼のいうには「ぼくの高校のときの教師で正木さんという人から本を買ってこいと命令された」というのです。当時ぼくは北電誘致に疑問を持つ会というのが反火力の運動をはじめているとことだけは知っていた。名前が面白いなあと思っていた。そうしたらその学生が「正木先生は酒が好きで独酌庵と号している」というのです。

問　それでまた例によって、好奇心が頭をもたげてきたというわけですね。

仲井　そのうちに四六年春、全電通労働組合の本部から全電通労働組合員の公害意識調査という仕事をもちこまれました。室蘭、川崎、水島の三大公害地帯で組合員の意識調査に出かけることになった。それで四六年の五月末に室蘭に行って調査し、それをまとめて、九月に再度室蘭に行って調査結果を発表した。そのときに伊達火力の正木さんという人にも連絡してくれと全電通支部にたのんだのです。それで会議が終わってから横山桂次さん（中央大学）と正木さんと三人で三〇分くらい話をした。

問　どういう印象でしたか。

仲井　初対面のあいさつ程度でしたが、「公害問題がここまで激化したのは、戦後二五年間の革新の怠慢の結果だ」というんです。こちらも戦後革新の末席を汚していた一人だから一言もなかった。どうもぼくは甲田さんにせよ、宮崎さんにせよ、革新批判というものに素直になりすぎるくせがある。

問　伊達火力の環境権訴訟がはじまるのが、四七年の七月二七日ですね。

仲井　そうです。その年の一月二六日に斎藤稔さん（医師）や伊達の農民、漁民がリンゴやワカメを持参して、大石環境庁長官のところに陳情に来た。その案内の窓口を一手に引き受けて以来、伊達火力の東京出張所になった感がある。その晩、斎藤さん、正木さんとこちらは渡辺文学さん（事務局長）、奥沢さん（編集長）などといっしょに飲んですっかり意気投合した。斎藤さんも正木さんも酒豪だし、橘進さん、宮崎さん、甲田さんなど、酒これ人生というような人が多いですね。

身体を張った闘い

問　伊達の現地に行ったのはいつごろですか。

仲井　はじめて伊達火力に行ったのは四七年の一〇月六日でした。それから数回現地に行っています。ここの中心的な行動部隊は有珠漁協で明治生まれの野呂儀男さん（環境権訴訟原告団長）をはじめ千石正志さん、高橋満さんなどサムライがそろっています。また伊達漁協ではただ一人漁業権を売ることを拒否して頑張っている佐々木弘さんがいます。何回もの逮捕、投獄というきびしい闘いに耐えて、海を守り抜こうという有珠漁民の魂には頭が下がります。こういう身体を張った闘いを目のあたりにすると、支援とか共闘とか、そういう言葉は軽々しく口に出来ません。

問　有珠でお前はなんで来ているんだと聞かれたそうじゃないの。

仲井　有珠の漁民も猛烈に酒が強い。集まると必ず一杯やるのですが、その集まりのなかで、あいさっしろといわれた。だからぼくとしてここに来ているのは、皆さんのために来ているのではなくて面白そうだから来ているんです。結局のところ伊達のことは伊達に住んでいる人しか決められない――そういう趣旨のことをいったら「俺たちは必死でやっているのに趣味だとか面白いとかいうのはけしからん」といわれた。その気持もよく分かります。でもどういわれようと東京に住んでいて時たま気まぐれみたいに現地に行って「みなさんとともに最後まで身体を張って闘います」というようなことは恥しくて口が裂けてもいえない。だからぼくはどこの運動とのつき合いもそういう態度です。東京に住み、東京で生活している人間として、何かお役に立つことがあればさせて下さい。ささやかな自分のできることしか責任をもつことはできませんしね。「物価暴動をおこせ」などと書いて、電気料を旧料金で払うということさえ、日常生活のなかでやろうとしない学者や評論家といっしょにされてはたまらない。

全国的な交流

問　反火力運動全国連絡会議がつくられたのも昭和四七年ころからでしょう。

仲井　これは四七年の九月二三日に愛知県の渥美火力反対運動の北山郁子さん、橘進さんなど渥美の公害勉強会の人たちが全国によびかけてはじめて「火力公害に反対する全国住民運動交流集会」というのが開かれます。ここに約三〇団体が集まって各地の報告とともに、公害防止協定、環境権訴訟、開発と住民というようなテーマで討論しました（『火力発電所はもういらない』渥美の公害勉強会）。これがきっかけになって銚子、伊達、姫路、豊前と五回にわたって反火力全国住民運動の経験交流と横のつながりが出来て行くわけです。正式に反火力運動全国連絡会議として発足したのは四九年九月二二日の豊前火力の現地でひらかれた会議からです。

問　他の住民運動と比較して反火力の運動が全国的にまとまったというのはどういうところからでしょうか。

仲井　それはひとつには、火力発電所の建設計画にたいして全国いっせいに公害予防闘争がはじまったこと、それから時期的には、伊達火力の環境権訴訟が四七年に第一号として始まり、それに豊前、酒田、多奈川と反火力運動が四つの環境権裁判をかかえてすすむわけで、どうしても各地の被害状況や問題点をひろいあげる必要があったということでしょう。そういう意味で伊達火力の環境権訴訟の提起は、四日市判決以降の住民運動史のなかでも重要な意義をもっています。

運動を支えるひとりひとりの人間性

それからもうひとつこれは人間の問題です。住民運動にとっての決定的なモメントはひとりひとりの人間であるというのがぼくの持論です。そういうことでいえば公害反対運動が全国的に成立し、ひろがった背景には、かなりすぐれた人材がその地域に存在していたということです。それからそれぞれの職業からみてもまことに多様性をもっています。

私の直接つき合った反火力運動の範囲でも豊前の松下竜一さんは作家ですし、福山の佐々木富三さんは大学の教員、姫路の清水康弘さんは牧師でありかつ高校の教員です。富士川火力の芦川照江さんは、主婦であり詩人でもあります。渥美火力の北山郁子さんは産婦人科の医者で、和歌山で多奈川火力反対運動をやっている宇治田一也さんは学習塾経営です。銚子火力の白紙撤回をかちとった松本文さんは銚子聖公会の牧師です。酒田火力反対で豊前についで環境権訴訟を起こした豊田春満さんは眼科医で、伊達火力の斎藤稔さんは外科医です。川崎で東電火力公害に反対し公害海上大学というのをはじめた前田文弘さんは釣船業です。

問　まさに多士済々といったところですね。

仲井　これらの人たちに加えて、東京では、自主講座の反火力グループ、漁民研究会、それに東京電力の労働者がつくっている電力公害研究会が側面的に協力してくれました。反火力運動全国連絡会議のまとめ役というか、軍師役として推進させたのが渥美の公害勉強会の橘進さんです。この人は若い時に肺結核を患って片方の肺を切除しているんです。階段を上るにも息が切れるというくらい弱いのですが、酒を飲ませたら抜群に強いのです。北山郁子さんの医院でレントゲン技師をしているのですが、実務家としても抜群の能力をもった人です。そういう有能な人が各地の運動の橋渡しの役をやったわけです。橘さんなどは病弱であり、静かなること林の如くという感じで、さしずめ戦国時代でいえば軍師竹中半兵衛というところでしょう。

問　住民運動の人物群像というのも、ひとりひとりをよく見ると実にたのしく面白いですね。

仲井　だから私は何かの構想やアイディアがひらめくと、正木さんとか、橘さんとか、西村徹さんとかに連絡して相談するわけです。非常に現実的で適確な判断を敏速にしてくれますから助かるわけです。「住民ひろば」とか「住民図書館」などという構想が実現したのも、こういう人たちの助言があずかって大きい。地域、個別の課題をもっていながらある意味では無関係な全国性、共通性を本当にわかり合えるというのはやはり闘争の現場にいない学者などでは駄目です。

問 豊前の松下竜一さんというのはどういう人ですか。『暗闇の思想を』（朝日新聞社刊）のなかで「住民ひろば」であなたに会ったときのことを書いていますが……。

仲井 『草の根通信』という全国に二〇〇〇部も出まわっている有名な松下さんたちが出しているミニコミがありますが、これに載っている松下竜一さんの随筆がとても面白い。実際読んでいただけるとすぐにわかるのですが、手に入りにくい方は『五分の虫、一寸の魂』（筑摩書房）という彼の手になる豊前火力阻止の闘争記を求めて下さい。まさに抱腹絶倒うけあいです。ところが本人に会ってみるとよく分かりますが、初対面の印象というのは、まったく寡黙でとりつくしまもないというところがある。三〇分でも一時間でもだまって座っているという人なのです。ところで彼の作品を読んでいる女性ファンというのもかなり多いわけで、東京にきたら是非、松下さんと話し合う機会をつくってほしいという要望がぼくのところに来る。それでぼくはその旨を手紙で連絡したのです。そしたら返事が来まして「御婦人方との座談会は御勘弁を、遠くに在りて読んでいただく方が幻滅せず済みます」というのです。ぼくなんかこんな場合、ほいほいと軽率にのってしまうわけですが、やっぱり作家なんてのは偉いと思いました。

問　松下さんは五一年の春から「砦に拠る」という小説を『文芸展望』に連載していますね。

仲井　これは下筌ダム反対闘争の室原知幸氏を描いたものでぼくは荒畑寒村の『谷中村滅亡史』につぐ力作だと思います。松下さんは『風成の女たち』につづいて『暗闇の思想を』（朝日新聞社刊）を出して豊前と各地の反火力運動の人々とのふれ合いを克明に書いていますが、反火力運動のなかに、一人ひとりの人間像をふくめ豊かな流れがあったことが幸いしていると思います。地方の住民運動にどっしりと根を下した人間でなければ描けない作品です。

住民運動と女性

問　富士川火力反対運動の芦川照江さんとのつき合いもかなり古いのでしょう。

仲井　富士川町いのちとくらしを守る会というのは昭和四四年に富士川火力反対を目標につくられ、富士市の公害市民協と共闘するのです。そのころ芦川さんたちの会が出した一枚のチラシを読んで「住民の公害白書」に引用した。そのチラシは「どんな人にも空気を買いしめる権利はありません。硫酸の雨が降ってはたまりません。」という内容でした。

問　芦川さんと直接会ったのはそれよりかなり後のことでしたね。

仲井　たしか四日市判決の前日の四七年七月二三日だったと思います。そのときずい分話しこんだのがはじめてでその年の一一月一九日、福井県三国町で西田英郎さん（公害から三国町を守る会）らが主催した火力公害反対のシンポジウムに出席してもらった。この集会で芦川さんの話を聞いたのですが、実に堂々として説得力がある。この方も内臓が悪くやせていて、どちらかというと弱々しい感じがするのですが、いったん話をしだすと、しゃきっとして満場を圧するという感じなのです。住民運動は女性の力を抜きにして語れないと日ごろ思っていたが、芦川さんと会ってそれを確信したところがある。

住民運動の重さ、きびしさを見詰める

問　芦川さんは主婦であり、かつ小川アンナというペンネームで詩集も出していますね。

仲井　芦川さんたちが静岡でやっている女性だけの文学同人誌で「香炉」というのがあります。そのなかで「富士公害闘争と私」と題して、芦川さんが富士川火力反対運動とのかかわりを書いています。そのなかにつぎのような一節がありました。「私がいわなければならないのは、公害を告発してたたかうことをはじめたために、私自身の人生は、人が知ると知らぬはともかくとして、ある一つのマナ板の上にのせられて、私自身につきつけられているということだ。相手を告発することは即ち自分自身をあからさまにして究める、ということだ。たぶん闘争のきびしさということはそのようなことであろう。」(「香炉」二五号)。

問　きびしいですねえ。

仲井　相手を告発することは、自分にとって両刃の刀であるということを、人間は忘れやすいところがある。とりわけ公害闘争は人間の在り方そのものを問うわけで、主体としての自分——人間を抜きにしては成立しない。行政や企業を声高に攻撃するだけでは解決しないものがある。それをきびしく教えられたという気がします。

問　芦川さんの詩が「環境破壊」誌上に一年ばかり連載されたことがありますね。

仲井　昭和四八年の一月から一二月までです。そのなかに「住民運動」というのがあります（「環境破壊」一九七三年五月号）。「住民運動は机もなく／看板のかかった事務所もない／だれかはわずかに心の中に机をもち／だれかは自分をみえない事務所と見立てる／住民運動の不思議さ／在るようでないようで／だれかが或る時リーダーで、だれかが或る時兵隊の役目をする」。それから「深く誰かが」という詩のなかでは「ふいに白鷺が舞い立ったけど、私の横の水俣の人は何も言わなかった／四日市裁判支援に急ぐバスの中——／いつか／医者や弁護士が熱心に疫学闘争について論じていた夜だったけど／かたわらの磯津の人は暗い顔を伏せて蹲ったままだった／瘦せて小さく／疲れきった人々／闘争の楽屋裏には／こんな人たちがじっと座りこみ／深い沈黙が垂れ幕のように何かを拒んでいる……」とうたっています（「環境破壊」一九七三年二月）。

問　住民運動の重さとか哀しみをじっと見つめているという感じがします。

仲井　芦川さんだけでなく、そういう公害とか住民運動についての自分自身をもふくめたきびしさというか、ごまかしのなさという点では男をしのぐものがある。そういう女性の力というものが住民運動や消費者運動を実は支えている。住民運動を語ったり、論じたりする場合も男社会だから、ある意味で男の都合のよいような論理だけが先行している場合もあると思います。伊達や臼杵の漁民のカアちゃんパワーも、三里塚、北富士の農婦たちのたたかいと並んでずっしりとした重味をもっています。地味ですけれど、こういう人々が、民衆運動の歴史をつくっているといえます。

問　住民運動の中における女性の役割の再評価ということが必要でしょうね。

女自身の歴史の創造

仲井　そういうことだろうと思います。だけど一面において女性が外に出てくるとき、その良い面とともに、女特有の視野のせまさというか、いやらしさに正直いってうんざりする場面もしばしばあるわけです。それを芦川さんにいったらこんな手紙がきました。「女は矢張り、女の歴史を今通りつつあるところなので様々な問題がおこるのです。住民運動は人間の革命でもあるので、女の歴史をつくるという意味で気を長くとりくまないとうんざりしますね。女とつき合うことは、女自身の歴史の創造に手をかすことなのですから御めんどうでも気を長くもって下さい。これはとても大きな問題です。そのことを通して女の住民運動が発展してゆくのです。……」というのです。

問　しかし女が外に出て運動に加わって行くことについてまず家庭のなかで男——亭主との格闘があるわけでしょう。それが女自身の自由をうばっているわけで、女の歪みというのは男社会の反映ともいえる。

仲井　それは確かにある。女性が住民運動や消費者運動に参加することは、男以上に過酷な条件が加わる。たとえば忙しいときは夜中に洗濯して、朝はちゃんと食事の支度をして亭主を送り出すとかいう例もたくさんある。夜の会議に男が出るなんていうのはあたりまえのことだけれども、女の場合そこでもひとつのたたかいを経なければならない。その苦労たるや大変なもので、そんなことをながくつづけたらくたびれてしまう。

小さな民主主義獲得の闘い

問　外でたたかうためには、まずそれぞれの家のなかで女の足を引っぱる男との関係をあいまいにしていてはたたかい得ないということだな。それはあなた自身の問題でもあるのでは？

仲井　その通りです。それについて中谷君恵さん（権利を守る市民会議）が「家庭のなかにおける民主主義ということを無視して、日本の民主主義を論じても意味がない」ということをいっています。中谷さん自身も主婦で、下町の台東区で「市民の眼」というミニコミを数年間出してきた人です。中谷さんは「口で立派なことを唱えながら、小さな、ささいなことへの軽視が、その裏腹である事大主義となっている」というのです。

問　家庭のなかもふくめた男女差別と民主主義の問題ですね。

仲井　いまやそういう段階です。そこを問題にしなければ、住民運動や消費者運動の質的な前進はあり得ないということだろうと思います。中谷さんは日本人のデモクラシーはみな大文字だというのです。「小文字のスモール・デモクラシーがうめつくした大文字のデモクラシーにならなければ真の民主主義ではない。私の周囲の政治家や知識人やそして運動家たちはうんざりするほどキャピタル・Dであり、スモール・Dはすくない。そして多くの場合キャピタル・Dが幅をきかせ、スモール・Dは黙々として働いている。私はあまりキャピタル・Dを信用しない。」(「スモール・Dたらんとして」『新しい流れ』一九七五年二月)。

問 キャピタル・Dにうんざりするというのが面白い。戦後日本の民主主義の底の浅さをついていると思う。

仲井 小さな民主主義の軽視というのはこれまたうんざりするほど私たちの周辺にころがっている。住民運動というのも考えてみれば、行政や企業の住民無視、住民不在にたいする人間的な怒りとして出発している。それにたいする人間の自由と解放、民主主義というテーマへの挑戦なわけです。だから安保や日韓やロッキードは民主主義の問題で、地域のささやかな運動は地域エゴイズムなどという解釈もあるけど、それを地域における民主主義、小さな民主主義獲得のたたかいだといい直せると思う。中谷さんの言葉でいえば「下町における、PTAにおける、地域の泥沼の中で体をはって戦うことが、スモール・D運動なのだ」ということです。

問 そのスモール・D運動の旗手は、いまや女性にとってかわられつつある。

〝野に遺賢あり〟

仲井 「野に遺賢なし」という諺があります。これは優秀な人材は中央に登用されて、地方には賢人はいないという意味です。しかしこの数年間、各地の住民運動と交わって感じたことはこれとまったく逆で「野に遺賢あり」ということです。小賢しくキャピタル・Dを説く輩は多いけれど、本当に日本の将来を考えているのは、そんなことを一言もいわない地方で黙々と自分たちの身の周りのことをやっている住民運動の人たちではないか。女性というのは立身出世とは無縁なところにいるだけに世の中の見つめ方に鋭さと素直さがある。そういう意味でこの世の中の半分は女性だという認識がすごく大切だと思います。男も女もふくめて、そういうすぐれた人々との人間的な交流の出来たこの六年間というのは、私自身にとっても実に豊かな年月であったということです。

二十八年目の「あとがき」

中村紀一

はじめに

『住民運動〝私〟論』(学陽書房) が発刊されてから三十年近い歳月が流れた。当時私たちが続けていた住民運動はすべて終息し、原本も本屋の書棚から姿を消して久しい。執筆者もそれぞれに齢を重ね、本書に紹介された実践者の何人かはすでに鬼籍に入られている。執筆者の一人、宮崎省吾さんがある住民運動仲間の同窓会の席で詠んだごとく、「滅びゆく／住民運動に／栄えあれ」の心境である。

執筆者の消息

復刊の企画が日程にのぼってから、発案者の宮崎さん、賛同者の仲井富さんをのぞく四名の執筆者に復刊諾否の意向をたずねた。富士川火力以外の運動はいずれも敗訴、和解、未解決のままに権力側の「勝利」となり、近年執筆者との音信も途絶えがちである。

最初に豊前火力の松下竜一さんから「賛成です。よろしく。」という明快な返信が届いた。当時、松下さんらが発行していた機関紙『草の根通信』はいまも健在だが、火力はすでに操業。松下さんは入院中と聞いている。次に芦川照江（小川アンナ）さんが「賛成です。よろしくお願い致します。」との返信を送って下さった。芦川さんは二〇〇〇年に自らの富士川火力反対運動の記録を集大成し、『そのとき住民は』（三九四頁）の題名で自費出版している。

続いて「さんせいします」との回答が渥美の北山郁子さんから寄せられた。病院の同僚で反対運動の知恵袋でもあった橘進さん（故人）の論文を加えることはできないか、と書き添えてあった。最後に、伊達火力の正木洋さんの手紙が届いた。「諒解……復刊について何の異存もございません。御苦労様でございます。」と認められていた後、「本日朝マイナス22度C。昨日マイナス22度C。一昨日マイナス26度C。まだまだ冬の世界です。」との近況報告が加えられていた。正木さんはかつての運動の地、伊達を離れ、いまは厳寒の網走で暮らしている。

また、本書「はしがき」で私が「住民運動の懐刀」と評した公害問題研究会の仲井さんは、ここ数年、四国霊場八十八ヶ所のお遍路に精を出し、宮崎さんは長野の上田でささやかに貿易商を営んでいる。そして最も若かった私もすでに還暦を過ぎ、来年で大学を定年となる。

本書成立の背景

さて、一九七六年本書が発刊された当時、住民運動は大きな転換期を迎えていた。「……正直なことを言うといまかなりシーンとした気持ちですね。自分と自分たちの問題を考え直すというふうな時期に来ていることは間違いない」（正木・一二八頁）。

六〇年代後半から七〇年代初頭、全国各地に多くの住民運動が噴出した。彼らの多くは政府の進める開発政策、「公共」事業に反対し、運動の過程で自らの〈公共〉のあり方を模索していた。その根底には、それぞれの地域に生きる人間としての「やさしさ」があり、「個の質」があり、「地域エゴ」があり、「紐帯と連帯」があったが、政府「公共」の欺瞞を暴く、これら運動者の「あたりまえの主張」も権力によって論点をすりかえられ、ねじふせられ、かくして七〇年代半ばには各地の住民運動はつぎつぎ敗北を喫し、窮地に陥っていた。こうした中で、私たちはそれぞれの運動を立て直すためにも、運動のこれまでを振り返り、将来に向かって理論と実践の展望をもつ必要にせまられていた。これが本書成立の背景であり、動機であった。

ところで、住民運動はその後、どのような道をたどったであろうか。以下、住民（運動）、地域社会、行政の動向を問題史的につづりながら、本書復刊の意味を考えてみよう。

〝私〟論以後の住民運動

住民運動は、成田新東京国際（三里塚）空港が反対の声を押し切って強制開港され、長洲一二が「地方の時代」を提唱する七八年あたりを境に「冬の時代」に入って行った。その要因はさまざまに考えることができるが、ここでは三点にしぼって検討してみる。

まず、第一点は「住民」の消失である。運動の担い手である住民は都市、農村と地域によって、その結びつきの濃淡こそあれ、ある種の共同感覚（「地域エゴ」）をもって地域社会の生活を支えてきた。「住民運動の原点が主張しているのは、地域の問題を一番よく知っているのはそこに住んでいる人間であり、地域の主人公はそこに住んでいる人間ということである」（宮崎・七〇頁）。それは土地に根ざした「存在の重み」（中村・三〇頁）ともいえるものであった。「私たちは土語でものを考える。それによってしか本当の思いや怒りをあらわすことは出来ないのだ。……土語は私たちにとって母語である。心にしみ通る対話はそれにすがる以外ない」（甲田寿彦）。

だが、こうした「住民」感覚は六〇年代以降の地域開発がひき起こす都市化、産業化の過程で大きく変容する。環境破壊とともに解体していく地域社会の中で、住民はその存在基盤を失い、私化、原子化していった。七〇年代初頭の住民運動の噴出は、これまでの環境を保守し、破壊に抵抗する彼ら「住民」の最期の闘いでもあった。「このまま黙していては、われら先祖伝来の地である黒井が公害によって滅ぼされる。これを許すわけにはいかない」（仲井・二二七頁）。

かくして、前述したように「住民運動・冬の時代」から八、九〇年代の「バブル経済」、「新自由主義」を経験した地域社会は、いまやひったくりと無関心が横行する荒涼たる空間となってしまった。この間の事情を〝私〟論風にまとめてみよう。

八〇年代に入って地域社会は「国際化」の波に洗われる。「英語を話せなければひとにあらず」の強制は「土民土語」による個性ある対話を地域から放逐した。一方、「コンピュータを操作できなければひとにあらず」を旨とする「情報化」の侵略は携帯電話の普及と共に、かつて巷にみられた住民同士の親密性に楔を打ちこんだ。

第二点は「市民」の問題である。八〇年代に入って政府は「新自由主義」、「小さな政府」を旗じるしに、地域社会に「強い市民」の出現を期待した。かつて住民のもっていた濃厚な地域性は「市民」によって希釈され、地域は市場が支配する普遍的な空間となる。「市場競争に勝ち残れねばひとにあらず。」いわゆる「市民化」は「欲求の体系」（ヘーゲル）が支配する市民社会の中で、弱肉強食の世界を演出、人びとの間に勝ち組と負け組みとを生じさせている。能率と効率を至上価値とする経済優先の論理は、実利追求のみに関心を向ける人々を大量生産。世間に「実利型無関心」が瀰漫している。住民が姿を消した地域空間に、新しい共同性形成の可能性を秘めた自治・連帯の「市民」は誕生していないようである。市民はいまのところ「私民」に留まっている。

第三点は住民（市民）と行政の関係の変化である。七〇年代初頭の住民運動は、行政権力に対して鋭い緊張感をもち、政府「公共」の強制に抵抗する高い精神をもっていた。「すべての〈公共〉の決定を住民の手に取りもどす」ために、住民の自立性を強く主張した。「橋をわがものにする思想」（フランツ・ファノン）などに代表される住民運動のエートスは、その根底に強烈な地域性と自治への希求があった。だが、七〇年代後半に入り、自治体政治が自治体経営へと転換する過程で、住民運動は市民活動へとその席をゆずる。そして市民活動の多くはかつて運動のもっていた権力との緊張関係を束の間に弛緩させ、行政からの自立性を喪失した。「私たちは地域社会に貢献しているのだから行政が協力するのは当然」が「行政が補助金を出してくれるならば私たちは地域社会に貢献する」に変わるとき、市民活動の多くは行政に包絡され、利用されることとなる。行政との協力がすべて悪いと言っているわけではない。「民活」の流れの中で行政の下請け化も自覚できずに行政と安易に癒着していく市民活動の精神こそ問題なのである。

政府が行政との協働（パートナーシップ、**partnership**）を呼びかけ、市民活動団体（**NPO. Non Profit Organization**）の制度化が進んで、これら「ヨコ文字」がマスコミを賑わし、市民活動は「市民社会」の主役となった。かくして「住民」が地域社会から姿を消して久しい。

おわりに

以上、七〇年代住民運動以降の社会についてきわめて〝私〟論風の総括を行った。情報化、国際化、市民化の負の側面をいささか強調しすぎたきらいがないでもない。

さて、JR中央線高円寺駅北口に「NPO」の看板をかかげた建物がある。市民活動の本部かと思ってよく見ると、新・賭博遊戯場（**NEO PACHISLOT OASIS**）の略字である。NPO（市民活動）

は地域社会にひいては市民社会に、新しい共同感覚、〈公共〉性を構築できるであろうか。市民活動団体が今後、いかにその数を増加させようとも、行政との緊張感を忘れ、自立の精神を失うならば、それらは一獲千金を求めて補助金オアシスに群がる行政下請け活動の一角を占めるにすぎないであろう。

住民運動はしばしば、特殊性、一過性を特色とするといわれる。さればこそ、『住民運動〝私〟論』は執筆者一人ひとりの一回限りの生を通して、これらさまざまな現代を批判し、これらを乗り越えるさまざまな契機を提起し続けているのである。

（この「あとがき」を執筆後、筆者の一人松下竜一さんが亡くなられた。私の大好きな彼の作品『五分の虫、一寸の魂』の結び「ああ、人生よなあ」という言葉が一層心に染みるのである。）

二〇〇四年六月

新版解説

笠井昭文

二一世紀初頭の今、なぜ一九七〇年前後の住民運動なのだろうか。

その背景はわからぬこともない。バブル経済の崩壊以降、政府財政が逼迫の度合いを強めるにしたがって、公共事業の見直し論が政府内でも活発に議論されるようになった。他方、地方においては、住民投票を一つの契機としながら、地域住民による公共事業の賛否を問う運動が様々に試みられている。公共事業の「公共性」が再び問われ始めているのであり、公共性とは、地域住民に開かれた公開の議論（公共圏）によって、その正統性を主張しうることが再確認されつつあると言えるだろう。

アカデミズムにおいて新しい論点が提起されたという事情もあろう。この分野で大きな役割を果たした人物として、ユルゲン・ハーバーマスがあげられる。一九九〇年、ハーバーマスは、『公共性の構造転換』の新版を出す際、膨大な序言を寄せ、その中で市民的公共圏という主題は、「今日では《市民社会（Zivilgesellschaft）の再発見》という標題のもとに議論されている」（ユルゲン・ハーバーマス『公共性の構造転換』未来社、一九七三、新版一九九四、xxxvii ページ）と報告し、体制批判的な自発的結社としての《市民社会》が、東欧の民主化だけでなく西欧の民主化においても重要な役割を果たしていることを指摘したのであった。こうしてハーバーマスにより《市民社会》ないし市民的公共圏という概念は、二一世紀を展望する上で、新しい可能性を秘めた概念となって再生したのである。

以上のような社会状況と問題関心からすれば、高度成長下の「豊かさ」と「公共性」に対してラディカルな批判を行った住民運動を再評価しようとする動きがあるのも、問題関心の向かい方としては、きわめて自然である。現在が過去を照射し、外からの理論移入が内なる「伝統」を再確認させると言ったところであろうか。

だが、一九七〇年前後に住民運動を担ったこの本の共著者たち（既に鬼籍に入られた方もいるが）にしてみれば、「何を今更」といった思いの方が強いのではないだろうか。運動の当事者にしてみれば、自らが発した公共性への問いかけは、中央政府や地方自治体のみならず、「豊かさ」と「快適さ」、そして「平穏」を優先する日本社会の大多数の人々から黙殺されてきたのであり、だからまた今日同じ問いかけが別の当事者によって繰り返し投げかけられているに過ぎない。

外からの理論移入によって足下の事例を再発見・再評価するという関心の向かい方も、そのことにまったく意味がないとは言わないが、輸入学問という日本のアカデミズムの、相も変わらぬ体質を露呈しているだけではないだろうか。新しい理論の導入によって運動を持ち上げたかと思えば、また新たなる理論で運動を引き下げにかかる。そのような理論的評価のエレベーターに無理矢理詰め込まれ、再評価・再批判の上下動に付き合わされたところで、運動の当事者としては当惑するより他にない。むしろ運動の当事者が切実に求めていることは、様々な感情的もつれと喧噪の中にあり、多くの失敗と貴重な収穫とが乱雑に散らばっている運動を、その実相に即して少しでも見通しよく整理することであろう。運動の記録は数多くある。だが、それらを平易な言葉で対象化し、整理・理論化していくような営みは少ない。理論化することによって日本社会に生きる普通の人々の常識《common sence》としていくような営みは更に少ないと言ってよい。

その点から言えば市民が作る公共性といった発想も、まだ研究者および「市民運動家」の理屈でしかなく、日本社会で生活する普通の人々の政治文化として根付いているわけではない。そもそもこの発想が政治文化として日本社会に根付くとすれば、それは○○代表と言った肩書きを持った市民たちの、審議会や公聴会を舞台として行われる「理性的」な議論ではなく、個性ある顔と名前で構成される普通の人々の、理屈にも情にも訴える喧々囂々とした「寄り合い」の上に生まれるはずであろう。しかもかつての「寄り合い」には、中心に位置する人々の価値観や利益に自ずと治まる傾向があったとすれば、今求められている「寄り合い」とは、そのような内向きの空気と議論を意識的に解体し、周辺に位置する人々の声を進んで聞き取り、迎え入れては組み直していくような「話し合い」の場である。そのような場をごく自然に生みだし、運営していくことのできる普通の人々の日常的なワザが求められている。私たちはそのようなワザを、住民運動の中からどれだけ析出したと言えるだろうか。

なんだか結論だけを先に述べてしまった。解説ならば、もう少し住民運動の特徴を、本書の記述から洗い出してみる必要がある。

*

ウルリヒ・ベックの著書『危険社会』（法政大学出版会、一九九八）によれば、現代人は、近代化に伴う様々なリスクを半ば前提にしながら暮らしていることになる。だが、一九七〇年前後の京浜工業地帯に育った少年少女たち（私たちの世代）にとって、大気汚染や水質汚濁、振動・騒音などは、いつか現実になるかもしれない危険性《リスク》ではなく、既に日常の一部であった。もはや十分に危険《dangerous》な時代だったのである。有毒ガスを処理するため数秒ごとに炎を吹き上げる煙突は、夜毎空を染め続けていたし、学区を二分する新鶴見操車場の橋は、大型車がひっきりなしに通過するにもかかわらず、歩道すらない登下校路であった（ちなみにその小学校は、当時横浜市で最大のマンモス小学校であった）。都市における生活関連インフラの未整備が、生活のリスクを更に拡大していた。乱雑に積まれたままの資材・残土置き場は、子供たちの格好の遊び場であり、貨物列車の引き込み線は、友達の家へ行く近道として使っていた。光化学スモッグを初めて体験した日も、「ああ、これがテレビで言ってた光化学スモッグというやつか」とやけに冷静に受け止めていた自分がいる。公害や環境破壊の話は、小学生にとっても日常的に見聞きする情報となっていたのである。

地方もまた、いたるところで環境破壊や公害の危険に晒されていた。四大公害訴訟は一九六七年より始まるが、公害の実態が報道されるにしたがって、大型産業開発や工場誘致は地域の発展に必ずしも結びつくものではないという認識が、人々の間に定着しつつあった。そんな折り、自分の住んでる地域に開発計画の話が持ち上がる。リスクに過ぎなかったうわさ話は、突如として現実の危機となる。これから先の生活はどうなるのか、立ち退き等に伴う補償費用が今後の生活を保証するのか、という不安もさることながら、これほど深刻な環境破壊をもたらす開発計画をそのまま認めてよいのか、そもそも地域住民の意思とは無関係に立案・決定された計画によって、なぜ住民の暮らしが奪われなければならないのか、といった疑問や怒りが次々と沸き起こる時、住民は自ずと開発計画に対する抵抗運動を立ち上げていった。マスコミによって各地の住民運動が頻繁に取り上げられていたことも、住民運動の成立を後押ししたと言えよう。

本書でも触れているように一九七〇年代以前にも、急速かつ強行的な近代化に政策に抵抗する住民の運動は存在する。だが、環境破壊とそれに伴うリスクの増大、そして住民運動の誕生が、日本社会各地で一斉に報告されるようになったのは、高度成長末期のこの時期であった。テレビの子供番組では公害から生まれた怪獣が暴れ回っていたが、実際リスクがいつ蓋然性の枠を飛び越えて、私たちの日常を襲っても不思議ではなかったのである。

＊

住民運動は、このような地域の突然の危機に対処すべく、急拵えで組み立てられた運動である。そのため住民運動は、二〇世紀後半の日本政治を規定した保守対革新という対決構図の下、労働組合が中心となって担ってきた戦後の革新運動とは、かなり異なる性格を帯びている。

まずもって住民運動は、地域を守るという一点において皆が力を合わせる、その意味では「保守」の運動である。だが、大型開発計画の誘致でもって地域経済の振興を図り、その全国的バラマキによって日本全体の経済発展を達成するという戦後の保守勢力が進めてきた利権型政治と公共事業政策に対し、行動においても思想においても徹底した抵抗を展開した点で「ラディカル」な運動でもある。加えて住民運動は、中央政界の陣営区分に過ぎない保守対革新という構図を越えて、地域に暮らし、開発に反対する住民ならば以前の垣根を越えて誰とでも団結し、自分たちを支援する団体ならばどこでも受け入れるという、地域住民・支援団体の連合体として現れる。したがって、宮崎省吾が指摘するように、住民運動では古くからその土地に根付き、それまで保守陣営を支持してきたような地縁的共同体の成員が、中央発の開発政策に対してもっとも活動的かつ強靭な抵抗の主体となることがしばしば起きる。土地に根ざした生活と内面に息づく郷土愛が、郷土の危機に瀕して抵抗運動への物質的・精神的支柱となるからである。

また住民運動では、地縁的共同体で日常的に営まれる人間関係や役割分担が、そのままの姿で抵抗運動の中に持ち込まれていく。それは災害のあった地域において、地区の近隣関係がそのまま消防団へと機能替えして活躍する姿を思い浮かべればよい。地域の危機に瀕して、それ以前から続く住民の助け合い関係が、そのまま非常時の運動の中に立ち現れるのである。無理もない。降って湧いた開発計画こそは、地域の存亡に関わる災害そのものであり、だからこそ住民は総出で、しかも顔を見知った間柄だからこそ可能となる迅速な対応力と強靭な行動力で、これに立ち向かっていく。この多分に慣習的な地域の紐《きずな》は、今風のネットワークという言葉では上手く表現することができないような、しがらみに満ちた紐帯でもあるのだが、地域を守るという一点において「保守」でありつつ、理不尽な「お上」の計画に対しては下からの徹底的な抵抗も辞さないという点で、両義的な力を宿していると言えよう。

抵抗の論理もまた、戦後革新勢力のそれとは異なっていた。革新勢力が「総資本対総労働」といった社会科学の文脈で運動を理解していたとすれば、住民運動は、住民の日常の言葉による「人としての当たり前」や「平凡な真理」によって運動を理解し、その正統性を訴えようとする。伊達火力反対運動における「電気をつくるのは著しい公共性があるというけども、裁判長さん、われわれが一生懸命、うまい野菜をつくったり米つくったりするのは、公共性ないだべか」(宮崎省吾『いま、「公共性」を撃つ』創土社、二〇〇五、五三ページ)という農民の異議申し立ては、その語り口も含めて住民運動における抵抗の論理を典型的に表現している。

住民運動の特徴は、この地域に根付いた住民の紐帯による運動の組み立て方と、「人としての当たり前」から発する開発計画への、平凡な、しかし核心を突く抵抗の論理にあると言ってよい。運動の経験などないけれども、降りかかる火の粉を振り払うかのように住民自らが身体を張る。運動の見通しについて大した目算もないけれども、取りあえず次の行動を成功させようと皆で知恵を絞る。むずかしいことはよくわからないが、必死になって相手に語り訴える中から、自らの「言い分」を組み立て、説得力を磨いていく。このような待ったなしの状況が、住民運動に固有の性格を生み出していったと言えるだろう。

＊

だが住民運動は、幾重にもわたって関係を断ち切られ、孤立を余儀なくされた運動でもあった。住民運動を「地域エゴ」として攻撃したのは、開発の主体である中央政府や地方自治体、中央や地方の経済界だけではない。開発予定地域の外に位置した近隣の住民たちもまた、住民運動に対して執拗に「地域エゴ」という攻撃を向け続けた。住民運動は、地域全体の発展を省みず、自分たちの利益のみに拘泥する自分勝手な運動と見なされたのである。それとは対照的に、開発推進側には「電力需要の増大」や「通勤ラッシュの緩和」等といった「公共性」「公共の利益」が、事業計画の正統性論拠として掲げられていた。加えてその背後には、住民運動を無視ないし厄介者扱いする、物言わぬ大衆の無言の圧力が控えていた。

また、地域住民が計画推進派と反対派に二分する時、両者の対立は、それが顔の見える紐帯に根ざしているだけに陰湿な誹謗中傷等となって現れることも少なくなかった。このような対立は、抵抗運動の結果如何に関わらず、お互いの関係を修復不可能な程深く傷つけ、後々まで続く感情的な争いやしこりを地域の内に残すことになる。地域内での孤立を防ぐために革新勢力からの支援を受ければ、今度は「アカ」という攻撃が住民運動に向けて放たれていった。

その革新勢力も、住民運動をしばしば孤立へと追い込む存在であった。一九六〇年代半ばから一九七〇年代にかけて、各地における住民運動の隆盛を背景にして、社会党・共産党の選挙協力もあって大都市を中心に革新の首長候補が当選を果たしている。いわゆる革新自治体の誕生である。この革新自治体によって、市民参加・情報公開・環境アセスメント・地域福祉・自治体独自の条例策定等、住民自治を可能にする自治体行政の基本的課題が提出されたのは間違いない。だが、芦川照江・宮崎省吾の報告にもあるように、革新自治体は、自らの思い描いた「住民自治」や、「防止協定」という公害対策を施した開発計画に対しても住民が抵抗を続ける時、「責任ある行政」や「一部住民のためよりも一七万市民のために」といった論理で住民運動を切り捨て、運動を攻撃する側に廻ったのだった。

革新自治体からの攻勢を受けて、自民党政権も一九七〇年暮れの臨時国会を「公害国会」と位置づけ、公害関係十四法案を可決するに至る。翌年には環境庁が設置され、一九七三年にオイルショックが起こると、政府主導で省エネの大合唱が開始される。このように中央政府や地方自治体によって一定程度公害対策が講じられようになると、計画の白紙撤回をあくまでも求める住民運動は、かえって不利な立場に追い込まれるようになった。異なる陣営から抵抗運動の無益を言い含められ、住民運動の側にも、政府が譲歩しうる内に一定の成果を得ることで運動の幕引きとしようとする空気が生まれてくる。しかし運動が条件闘争化すれば、補償交渉の過程で運動は幾重にも分断され、補償金等の増額によって急速に切り崩されていくことは明らかである。しかも「補償金目当て」という新たな中傷が加わることによって、補償交渉は早期解決を余儀なくされていく。

オイルショック後の構造不況が長引くに連れ、大型コンビナートの誘致計画は、石油備蓄基地や原子力発電所の建設計画へと変更されていった。他方でテクノポリス構想に典型的に示されるように、半導体や情報機器など、脱工業化社会の先端産業に公共投資を振り向けることで景気回復を実現しようとする声が大きくなっていく。やがて時代は、住民運動の問いかけや省エネの掛け声を瞬く間に忘れて、一九八〇年代の「クリスタル」な高度大衆消費社会に向けて煌びやかにライト・アップされていった。あまりに早い人の心の移り変わりを目の当たりにして、「豊かさ」と「公共性」に関する根底的な問いを発し続けた住民運動の当事者たちは、その内に深い孤立感を抱えていく。その点で住民運動は、人の心の寂しさに、自らもまた寂寥の感を募らせていくことの多い運動であったと言えよう。

＊

だが仲間と共に孤立した立場に立たされたことによって、住民運動は、「なぜ我々は運動を闘うのか」、「自分たちの抵抗をどのような運動として進めるのか」、といった抵抗の根拠や運動の方法論に関する思想を、運動としても個人としても深めていったように思われる。その思想は、この本のタイトルに倣って言えば三つの〝私〟論として、すなわち「私《わたくし》」を基礎とした公共性論であり、私《わたし》にとっての運動の意味論であり、私的《してき》な人々が運動する際の運動方法論としてまとめることができよう。

第一に住民運動は、公共性の成立要件を「私《わたくし》」間の討論によって基礎づけようとする論理を提出したと言えるだろう。住民運動は、開発推進側が発する「公共性」への批判を通じて、いかにしたら公共性は正統性を獲得しうるのかという存外の問いにも答えていたのである。

計画推進主体、特に中央政府や地方自治体の語る「公共性」の文脈において、「公《おおやけ》」と「私《わたくし》」は、対立し相容れぬものとして理解されていた。それゆえ政府の論理においては、「公」が「私」に対して優越するものと位置づけられ、「公共性」についての決定は、「公共団体」である政府が独占するものと考えられていた。「私」的な住民は、「公」と対立しあう性格上、「公共事業」の決定過程から排除され、「公報」等で事後的に計画概要を知らされる存在にしか過ぎなかったのである。「私」的な個人間の討論から「公共性」を生み出すという可能性は、ここでは初めから考慮されていなかったと言える。

これに対して住民運動の側は、「公《おおやけ》」とは「私《わたくし》」たちの役に立つものである以上、「公共性」は個々の「私」を前提とした上でなければ成立しえないと主張した。公共性は、私的な事情や問題を抱える当事者たちが、それぞれの私的意見を、すなわち「地域エゴ」をぶつけ合い、議論する中から生み出していくものと考えたのである。またそのような討議を経て生まれた公共性でない限り、各人の生活を一定程度整序づけ、義務付けるような強制力を持ちえないと主張したのであった。ユルゲン・ハーバーマスが語るところの、市民相互の水平的な関係を前提とし、討論によって成立する市民的公共性（公共圏）の考え方が、住民運動の中でまったく自生的に生まれていたことを、我々は確認しておかなければならない。（と同時に、ハーバーマスの権威で住民運動を高く持ち上げるのではなく、ハーバーマスの理論ではうまく捉えられない部分にこそ、我々の理論的関心を向けるべきであろう）。

公共性を、意見の異なる住民相互の討論から生み出していこうとする試みは、その試みを通じて、住民こそ公共を決定し担っていく主体であるという住民自治の意識を育てていく。宮崎省吾による「ひとつの橋の建設がもしそこに働く人びとの意識を豊かにしないものならば、橋は建設されぬがよい」（フランツ・ファノン『地に呪われたる者』みすず書房、一九九六、一九三ページ、傍点解説者）という引用は、討論なき橋の建設によって地域が得る経済的利益よりも、それぞれの立場から橋という共通の問題を議論しあい、解決を図ろうとする「人びとの意識」こそが、地域にとって遙かに利益となることを語っていよう。

これは何も一九七〇年前後の住民運動に限った話ではない。一九九〇年代後半、公共事業の賛否を問うて日本各地で住民投票が行われたが、吉野川可動堰建設計画への住民投票を求めた第十堰住民投票の会代表世話人の姫野雅義は、住民投票を行うことの意義について次のように述べる。「反対、賛成というのではなく、住民がどれだけこの問題に関心を持ち、自分自身が変わっていこうという気になってくれるか。吉野川っていうのは自分らの川やないか。吉野川に対して僕らは何ができるんかを一緒に考えようやないかということを訴えようとしたんです」(今井一『住民投票』岩波新書、二〇〇〇、一五七ページ)。ここには、賛成派の人びとも反対派の人びとも、地域の問題について、それぞれの立場から意見を述べ、自分たちの言葉で議論することがまずもって重要であり、その討論を経て初めて公共事業の公共性は成立可能となるという考え方が息づいている。両者の間に思想的系譜があるというよりも、行政が語る「公共性」の内実を問い、翻って住民間の討論の上に公共性を基礎づけようと考える時、採りうる論理の筋道は自ずと似通ってくるのである。

＊

第二に、運動の当事者が語る住民運動論は、松下竜一・北山郁子の文体に典型的に見られるように、運動の歩みと自分の生き方の変遷とを、相補的かつ内省的に綴る〝私にとっての運動の意味〟論として、つまり自分史の表現形態を採って現れる。文学的造詣の深い人が運動の中にいたからと言うよりも、自分の生き方と密接に切り結んできた運動だからこそ、当事者による住民運動論は、自分史の表現に自ずと向かっていくのであろう。

運動の当事者たちは、運動のしんどさゆえに「なぜ私は、こうまでしても抵抗せねばならないのか」と自らに向かって繰り返し問わざるを得ない。同時に、そのしんどさにもかかわらず、「本来政治や運動などに関わりたくない気弱な自分たちが、なぜここまで抵抗運動を続けて来られたのか」という、もう一つの問いかけも生まれてくる。この二つの問いかけは、「結局自分にとって住民運動とは何であったのか、その根底にある思いとは何か」という問いに向かって収斂していくことで、私にとっての運動の意味を何度も再定義・再確認させていくことになる。松下竜一は自らの運動を「やさしさの深化」の過程と語り、芦川照江は運動を、様々な呪縛から解き放たれた個が息づく場であり、自分の立場を人目にさらすからこそ個としての生き方が試される場であり、具体的な生活としてしか現れえない個（エゴ）への執着が問われる場として、いずれも個と関連づけて捉えている。

運動が自分の生き方や価値観と深く結びついているために、住民運動では、当の開発計画が実行に移され、完成してしまった後でも、反対の意思を表明し続けることがしばしば起きる。また中村紀一のように、個人的事情で国道騒音の被害から逃れたからといって、運動は終わってしまうことがない。今なお各地で抵抗する住民運動への市民的連帯として、また環境破壊と不可分な関係にある「豊かな社会」への異議申し立てとして、そしてなによりも自らの生活の倫理的表現として、運動は個人的に継続していくのである。このような住民運動の発想と実践は、やがて一九八〇年代に入ると、被害者にも加害者にもならないために生活を問い直し、もう一つの生き方をそれぞれの場で実践しようとする有機農業運動や生活者運動、第三世界への自立支援やフェア・トレードを進めるNGO等の運動に受け継がれていく。それはまた「身内《ウチ》」による特定地域の自己防衛として出発した住民運動が、環境破壊に支えられた「豊かな社会」という共通の敵と向かい合うことで、「ソト」の運動や世界に向けて開かれていった結果とも言えるだろう。

このように人間的であることの表現として行われる住民運動は、返す刀で、開発推進側の、人を人として扱おうとしない人間不在の精神態度を、また高度大衆消費社会の、大勢に追随するだけで自らの拠るべき生活倫理を持たない内面不在の精神態度を、その倫理的性格によって浮き立たせ、問い質していくことになる。それだけではない。革新勢力の、党利党略に従い、情勢が変化すればあっさりと運動方針を転換してしまえるような運動のあり方、すなわち個としての良識と主体性を欠いた運動のあり方に対しても、根底的な批判を投げかけるものであった。

＊

第三に住民運動は、普段は非政治的で「私的」な人々が運動に向かう際、そこで採るべき運動の方法論や論理について、貴重な示唆を残したように思われる。

先にも触れたように住民運動は、普段は保守的な働く地域の人間関係が、地域を守るという一点で抵抗運動に向かう時、実に柔軟かつ粘り強く、人間的魅力に富んだ力となって機能することを明らかにした。職業運動家が事前に準備するような行動計画などなくても、地縁的共同体で日常的に営まれている人間関係や役割分担が、地域の危機に瀕して自ずと動き出し、自然にまとまり、しかも思いがけない力を発揮するのである。その土地で長年暮らしてきたおばあさんが、いざ署名を集める段になると一日に八〇〇名近くの署名を集めてくる話などは、その典型と言えよう。住民運動が地域に住む住民の運動である以上、地域住民の日常が運動の中に持ち込まれ、その延長として担われるのは自明のことであった。

このように住民の日常の上に営まれる運動だからこそ、住民運動は、独自の組織論と方法論を運動の渦中から自然発生的に生み出していった。たとえば伊達火力反対運動の「北電誘致に疑問を持つ会」は、会議の運営方法として、議長や事務局長を作らず、ただ会則として、「無理しない・いつでもやめることができる・うそはつかない」という三つの心覚えだけを設ける。横浜新貨物線反対運動でも、会議は「出たい奴の会議」として開かれ、したがってその時の流れでまとまったり、まとまらなかったりする。運動が日常の延長線上にある以上、住民運動を戦略合理的な闘争組織に再編したり、まとまらぬ意見を誰かが強引にまとめてみても、運動は続かないし動かないのである。逆に言えば、このような緩やかな運動組織であっても運動がそれなりに成立するのは、住民運動が普段の人間関係と日頃の役割分担によって支えられているからに他ならない。

同じ様に運動の論理も、普段交わされている日常の言葉や心情に寄り添う形で表現される。正木洋が指摘するように「絶対反対」「断固闘う」「命をかける」といった革新勢力の言葉は、荒々しく勇ましいかもしれないが、気弱で本当なら運動などやりたくない住民の心情に照らし合わせると、嘘の多い言葉となってしまう。したがってそれらの言葉を口にしても、住民にとっては無理に背伸びしたような、あるいは間の抜けたような虚ろな運動表現になってしまうのである。「総資本対総労働」といった理解枠組《イデオロギー》みも、具体的な生活に根ざして運動している住民の心情からすれば、およそ共感しうる内容のものではない。それは普段の暮らしの延長線上に生まれた論理ではないし、そもそも住民が身体を張って守らなければならないのは、理論でも勢力でもない。革新勢力にしてみれば、生活実感に即して抵抗する「即自的階級」から抜け出て、自らを歴史的発展の内に位置づけて行動する「対自的階級」へと成長することが望ましいのかもしれないが、住民運動にしてみれば運動することの出発点であり目標であるものは、自分たちの生活であり、そこに息づく生命《いのち》である（それゆえ革新勢力の支援を受けた住民運動は少なくないが、その結びつきは理論というよりも、個人間の心情にささえられていた部分が大きかったのではないだろうか）。

したがって住民運動の表現方法は、これもまた繰り返しになるが、自分たちが考える平凡な真理を、日常の言葉で語り訴える形になる。あるいは自分たちが暮らす豊かな自然や日々の生活に直に触れてもらうことによって、相手の心に訴えようと試みる。相手にしっかりと聞き取ってもらいたい時は、必要以上に相手を傷つけないために、また相手を全面否定するのではなくその人格を守るためにも、慎重に言葉を選ぶのであり、だからこそ本当に言わなければならない自分の思いを確かな言葉によって伝えることも可能になる。しかも住民運動の語り手たちは、大層なことを語っている己の恥ずかしさを隠さんがために、真剣な言葉の端々にも、ささやかなユーモアを挟み込まずにはいられないのである。正木洋と仲井富の対談は、そのような当事者たちの表現と論理、そして心情を的確に伝えている。

なぜ住民運動は、このような運動の運営方法や論理、そして表現の工夫へと行き着くのだろうか。松下竜一に従えば、結局のところ住民運動とは、気弱でやさしい人々が日常生活の中で運動することに他ならないからであろう。もちろんすべての住民運動において、このような姿勢や配慮が見られたわけではない。人格攻撃の応酬によって地域に深刻な禍根を残してしまった例も数多くある。だからこそ我々は、住民運動における、仕方なかったかもしれないが取り返しのつかない失敗と、その失敗を回避すべく、住民自身の手によって生み出された運動についての工夫や配慮を、普通の人々の知恵として受け継いでいく必要があるのではないだろうか。

権力に対する徹底的な抵抗を余儀なくされることもある住民運動にとって、「やさしさと信頼で結ばれた日常生活の中にある無理のない運動」（本書、一二〇ページ）を保ち続けることは至難の業と言ってよい。「隠しごとを持たぬ純粋な明るさの中でついにやさしさがそのやさしさのままに強靱な抵抗力たりえないのか」（同所）という松下竜一の問いかけは、痛々しいほどに切なく、また住民運動に共通の願いでもあろうか。抵抗運動という闘いの中で権力化しない運動のあり方を試みようとすることは、運動を力と力の闘いとして捉える見方からすればナンセンスであり、ほとんど宗教のように思えるだろう。だが住民運動が人格的な生き方の運動でもあるならば、住民運動の権力化は、運動の自殺行為に等しい。「公共性」という名目に隠れ、組織の内部に埋没した人々に対して、人間として向かい合うことで、相手の隠れている人間性を引き出していくような試み。人間丸ごとの対話を通じて相手の心に訴えかけ、判断を変えさせていくような試み。このような試みこそが運動であるとするならば、我々は運動の方法論や表現の問題を、テクニカルな運動組織論や経営論、情報技術の戦略論等に解消してはならない。むしろ我々は、非政治的な普通の人々が非政治的なままに、一人一人の人格的な営みとして運動を続けていくためのワザを、すなわち住民運動の中で生まれた工夫や配慮、そして論理を丹念に掬い上げ、日常の言葉によって語り継いでいかなければならない。住民運動の中には、非政治的人間の政治参加を考える上で、豊かな経験と思想とが未だ十分に発掘されないままに残されているのである。

＊

二一世紀を迎えた現在、リスクは、グローバル化し、他方でナノ・テクノロジー化し、あるいは深層心理化・アンダーグラウンド化することによって見えにくくなった。リスクは、地域という具体的な場所を喪失することで、かえって世界と生活内部に拡散し、漠然とした不安という形で深く蔓延したと言えるかもしれない。希釈され、不可視化し、深層に位置することで、リスクを察知できた私たちの皮膚感覚も、次第に無痛・無感覚になりつつある（それに伴ってリスクを問い質すことができた我々の常識《common sence》も眠り込んでいなければよいのだが）。だが一度ホームレスや子供、在日外国人等の立場に身を置いてみれば、この日本社会が限りなくリスキーであることは容易に理解できよう。リスクは、今なお危険な日常として、間違いなく此処にある。

　ある日リスクが現実のものとなった時、今日の地域住民はどのように対処するのだろうか。人間を取り戻す運動の内にリスクを解消していくのだろうか。あるいは人間不在のまま、システムのセキュリティ問題として解決を権力に委ね、排除と監視の内に安全を見出すのだろうか。かつての住民運動同様、その状況に置かれてみるまではわからないが、どちらの方向に向かうかは、私たちの日常の生活が、普段からいかなる方向に向けて深く耕されているかにかかっているだろう。

二〇〇五年八月一二日

本書は1976年8月学陽書房から刊行された『住民運動“私”論』の復刻版です。復刻に際し新たに中村紀一氏による「二十八年目の『あとがき』」、笠井昭文氏による「新版解説」を増補しました。

住民運動“私”論
実践者から見た自治の思想

2005年11月10日　第1刷発行

編著者

中村紀一

発行人

酒井武史

発行所　株式会社　創土社

〒165-0031 東京都中野区上鷺宮5-18-3

電話 03-3970-2669　FAX 03-3825-8714

http://www.soudosha.com

カバーデザイン　茜堂（宮崎研治）

印刷　株式会社シナノ

ISBN4-7893-0041-2 C0036

定価はカバーに印刷してあります。